つまみ細工をよりやさしく、親しみやすく

つまみ細工は、布で作る折り紙のようなもの。
きれいに仕上げるには練習が必要ですが
仕組み自体はとてもシンプル。

布をカットしたり、染めたり多少手間はかかりますが
最近はカット済みの生地や、手軽なキットも多く販売されています。

全国でつまみ細工のワークショップをしていると
「難しそう……」「私にもできますか?」と不安げな声をいただきます。
まずは小さな生地を折るところから
ぜひ気軽にはじめてみてください。

多少いびつでも一度やってみて仕組みが体感できると
「できた!」という達成感で
いろんなモチーフを作りたくなるはず。

本書が、つまみ細工の楽しみを知るきっかけになれば幸いです。

つまみ細工作家　鳥待月

以下の手作り通販・販売サイトにて、はじめての方でも作りやすい著者オリジナルのつまみ細工キットを購入いただくことができます。販売状況は以下よりご確認ください。

ハンドメイドマーケット minne
つまみ細工の鳥待月
https://minne.com/@waiting-bird

本書で作れるモチーフ

丸つまみグループ

 桜→p.66

 チューリップ→p.70

 クローバー→p.70

 鉄仙→p.73

 マーガレット→p.77

 銀杏(いちょう)→p.78

 玉薔薇(たまばら)→p.84

 椿→p.90

 向日葵(ひまわり)→p.93

 梅→p.94

 水仙→p.98

 ブルースター→p.100

剣つまみグループ

 紫陽花(あじさい)→p.68

 ダリア→p.75

 紅葉(もみじ)→p.80

 八重菊→p.82

 百合(ゆり)→p.86

 菱菊→p.88

桔梗(ききょう)→p.82

 黄梅→p.106

ひな菊→p.96

合わせつまみグループ

 西洋薔薇(せいようばら)→p.90

 トルコキキョウ→p.100

飾りモチーフ

 さがり→p.114

 つぼみ→p.115

 小花A→p.116

 小花B→p.117

CONTENTS

Broach Earrings Ring
吉野山 ……………………… 6／66

Necklace Earrings
恋のうつろひ ……………… 8／68

Garland
春駒 ………………………… 10／70

Broach
汐汲 ………………………… 12／73

Clip
手習子 ……………………… 13／75

Lapel Pin
吹き寄せ、春 ……………… 14／77

Lapel Pin
吹き寄せ、秋 ……………… 15／78

Paper Fan
夕涼み ……………………… 16／82

Earrings
鶯や ………………………… 18／84

Hairpin
千歳 ………………………… 19／86

Bangle
揚巻 ………………………… 20／88

Hair Ornaments
鷺娘 ………………………… 22／90

Broach
清姫 ………………………… 23／98

Parasol Marker
京鹿子 ……………………… 24／94

Earrings
野分 ………………………… 26／96

Bookmarks
八千代 ……………………… 27／93

Wreath
羽衣 ………………………… 28／100

Barrette
小町 ………………………… 30／106

Flower Box
花文箱 ……………………… 31／103

Hair Comb
傾城 ………………………… 32／108

Corsage
胡蝶 ──────── 33／112

Bouquet
うらゝか ──────── 34／104

つまみ細工をよりやさしく、
親しみやすく ──────── 2
本書で作れるモチーフ ──────── 3

How to make
つまみ細工ができるまで ──────── 36
道具 ──────── 38
材料 ──────── 39
布を用意する ──────── 40
布を切る ──────── 41
布を染める ──────── 42
本書で使用している
布の色名について ──────── 43

土台を作る ──────── 44
つまみを作る ──────── 50
つまみを葺く ──────── 64

Special column 1
飾りモチーフの作り方 ──────── 114

Special column 2
アクセサリーの仕立て方 ──────── 118

**つまみ細工作品の
取り扱いについて**

つまみ細工は、木工用ボンド（またはのり）を使って作っています。水に濡れるとのりがとけて壊れてしまうことがあるので注意しましょう。
また、重いものを乗せたりすると、花がつぶれる原因になります。箱に入れて持ち運ぶなど繊細に取り扱いましょう。

Broach Earrings Ring
吉野山
よしのやま

［モチーフ：桜／ハットピン→p.66 ピアス、イヤーカフ、リング→p.67］

ほんのりピンクに色づく桜をあしらったセットアクセサリー。
花びら1枚1枚はよく見ると微妙なグラデーションで上品な雰囲気。
普段づかいはもちろん、パーティーシーンのワンポイントにも。
「丸つまみ桜」だけで作れます。

Necklace Earrings
恋のうつろひ
[モチーフ：紫陽花／ネックレス、ピアス→p.68]

「菱つまみ」の花びら4枚で作った花を
半球土台に敷き詰めた、コロンと愛らしい紫陽花のネックレス。
たくさん花を葺いたら、1輪をピアスとして耳元に。
雨のしずくをイメージしてあしらったビーズが
耳のうしろで揺れるつくりに。

Garland
春駒
<small>はるこま</small>

［モチーフ：チューリップ、クローバー／ガーランド→p.70］

コットン素材で素朴な雰囲気のチューリップとクローバーを、シルクコードにあしらったガーランド。
ひな祭りに愛らしい人形などをつるして飾る「つるし飾り」からイメージ。
スワロフスキークリスタルがキラキラ輝いて、窓辺の主役に。

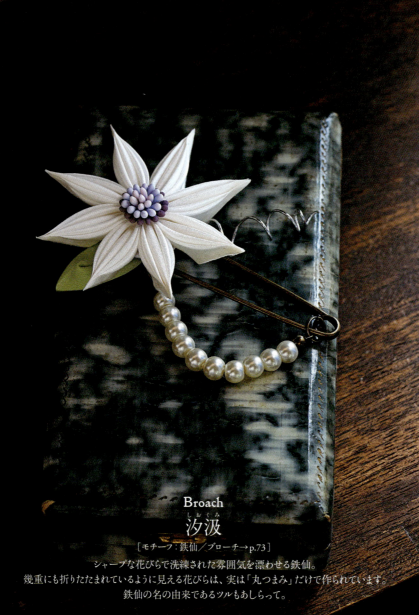

Broach
汐汲

［モチーフ：鉄仙／ブローチ→p.73］

シャープな花びらで洗練された雰囲気を漂わせる鉄仙。
幾重にも折りたたまれているように見える花びらは、実は「丸つまみ」だけで作られています。
鉄仙の名の由来であるツルもあしらって。

Clip
手習子
[モチーフ：ダリア／シューズクリップ→ p.75]
「剣つまみ」の花びらを立体的に葺いたダリアは、グラデーションカラーで艶やかな美しさを演出。
くす玉を半分にしたような形から「はんくす」とも呼ばれます。
お気に入りの一足に自由につけて、帯留めにしてもおしゃれ。

Lapel Pin
吹き寄せ、春
[モチーフ：マーガレット／ピンズ→p.77]

モチーフひとつで作る、シンプルなピンズ。モチーフのマーガレットは
「丸つまみ」だけで作れるので、初めてつまみ細工に挑戦する人にもおすすめです。
ひとつで繊細な印象に、複数づかいで個性的に、つける場所や色合わせも楽しんで。

Lapel Pin
吹き寄せ、秋
[モチーフ：銀杏、紅葉／ピンズ→p.78]
秋の落ち葉を感じさせる、銀杏と紅葉のピンズたち。
葉をグラデーションにすると優雅な雰囲気になります。
ひとつでつけたり、いくつか散らしたり、秋の装いに合わせてアレンジして。

Paper Fan
夕涼み
[モチーフ：桔梗、八重菊／うちわ→p.82]

表面にモチーフをあしらうだけで作れるうちわです。
花は鉄紺色でまとめ、涼感を出しました。
水引を茎に見立てたら、花と葉をバランスよくあしらって。

Earrings
鶯や
うぐいす

［モチーフ：玉薔薇／イヤリング→p.84］
たまばら

華奢な印象の玉薔薇のイヤリング。
でんぷんのりを使い、葺くときに花びらを調整しながら作ります。
小ぶりなので甘くなりすぎず、パールがアクセントになって大人クラシカルな雰囲気に。

Hairpin
千歳
[モチーフ：百合(ゆり)／かんざし→p.86]

「剣つまみ裏返し」の花びらで作る百合の花。花びらにワイヤーをつけて束ねるだけ、土台のいらない簡単なモチーフです。2輪をまとめれば、アップスタイルのアクセントとして和装にも洋装にも合う、上品なヘアアクセサリーのできあがり。

Bangle
揚巻
あげまき

［モチーフ：菱菊／バングル→p.88］

「剣つまみ二重」の花びらがシャープな印象の菱菊。バングルに贅沢に敷き詰めれば、クールなアクセサリーに。洋装はもちろん、ゆかたなどをモダンに着こなしたいときにも。一見難しそうに見えますが、モチーフを貼りつけるだけで作れます。

Hair Ornaments
鷺娘
[モチーフ：椿、西洋薔薇／ポニーカフ→p.90]

つまみ細工ならではのかんざしの雰囲気を洋装でも楽しんで。
金具を工夫すれば繊細なつまみでもヘアゴムで気軽に身につけられます。
組み上げ不要なのに完成度の高いアイテムです。

Broach
清姫
[モチーフ：水仙／ブローチ→p.98]

淡く清楚な雰囲気の水仙の花。花びらは「丸つまみ桔梗」「丸つまみ梅」と
2種類のつまみを組み合わせ、立体的な仕上がりに。
花ひとつひとつの仕上がりをごく小さくすることで、胸元で繊細な輝きを放ちます。

Parasol Marker
京鹿子
きょうがのこ

[モチーフ：梅／パラソルマーカー→p.94]

小さな梅の花をたっぷり敷き詰めたパラソルマーカー。舞妓さんみたいなあこがれのかんざしを日傘に。
パラソルの柄につけるとさがりが揺れてエレガント。
もちろん、金具をかえてかんざしとしても使えます。

Earrings
野分
（の わ き）

［モチーフ：ひな菊／イヤリング→p.96］

「剣つまみ」だけで作れるひな菊のイヤリング。
シックな色でモードな印象に仕上げました。
アクセントに花と同じカラーのタッセルをつけて、耳元で軽快に揺れるデザインに。

Bookmarks
八千代
[モチーフ：向日葵／ブックマーカー→p.93]

本の上から向日葵の花が顔を出すブックマーカー。
ぷっくりとした花心が向日葵らしさのポイント。花は「丸つまみ」だけで作れるので、
たくさん作ってカラーバリエーションを楽しんで。

Wreath
羽衣
<small>は ごろも</small>

［モチーフ：ブルースター、トルコキキョウ／リース→p.100］

涼しげな色合いでまとめたサマーリース。
花びらにボリューム感のあるトルコキキョウが主役です。
憧れるもののなかなか出番のないさがりも、リースならいつもの暮らしに取り入れられます。

Barrette
小町
[モチーフ:玉薔薇、梅、黄梅、西洋薔薇、小花A／バレッタ→p.106]

玉薔薇、梅、黄梅、西洋薔薇と、冬の花をアレンジメントしてブーケにしたバレッタ。
紺色の布だけで作っているので、モチーフそれぞれの色合わせに迷わなくても大丈夫。
上品な雰囲気は、シンプルなワンピースにぴったり。

Flower Box
花文箱
はなのふみばこ

[モチーフ：マーガレット、椿、八重菊、ひな菊、つぼみ、小花A、小花B／
フラワーボックス→p.103]

桐箱にお気に入りの花々を生けたボックスフラワー。
モスを敷き詰めてさし込んでいくだけなので、花を作ればあとは簡単。
お祝いの品としても喜ばれる一品です。

Hair Comb
傾城
<small>けいせい</small>

［モチーフ：マーガレット、水仙、ダリア／ヘアコーム→p.108］

つまみ細工の人気アイテム、ヘアコーム。色合いをアンティークな雰囲気にまとめた、
和装・洋装どちらにも合うデザインです。
組み上げる作品を作ってみたいという人は、ぜひトライしてみて。

Corsage
胡蝶
<small>こちょう</small>

[モチーフ：百合(ゆり)、小花A／コサージュ→p.112]

百合の花をブーケのようにまとめたコサージュ。
花を束ねるのにフローラルテープを使っているので、
バランスを調整するのも簡単です。
春から夏、秋から冬と、季節ごとに使える
カラーバリエーション。

Bouquet
うららか
［モチーフ：西洋薔薇／ボールブーケ→p.104　フォトフレーム→p.105］
大きな全球土台に西洋薔薇をあしらって作ったボールブーケ。
つまみ細工のブーケなら、ドレスにも着物にもぴったり。
式を終えたら花をフォトフレームにして、思い出の写真を飾って。

How to Make
つまみ細工ができるまで

つまみ細工には、名称や作業に独自の用語が使われています。
これらをきちんと理解しつつ、まずは全体の流れを把握しましょう。

1. 道具＆材料を用意する (p.38)

最低限必要な道具はピンセット、木工用ボンド（必要に応じてのり）の2点だけ。材料は布とペップ、花に仕上げるための土台(p.44)とアレンジ用のアクセサリー金具を用意すれば準備完了です。

2. 布を用意する (p.40)

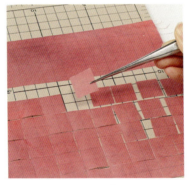

布を小さな正方形に切った「カット布」をたくさん使います。美しく仕上げるためには、布の切り方もポイントです。

3. 土台を作る (p.44)

本書では作りたいモチーフやアクセサリーに応じて5種類の土台を紹介しています。どれも厚紙から作れる、手軽なものばかりです。

4. つまみを作る (p.50)

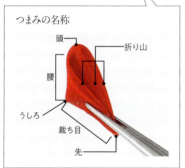

つまみの名称
頭
折り山
腰
うしろ
裁ち目
先

カット布をピンセットで折りたたんで作った花びらのようなパーツを「つまみ」と呼びます。本書の作品に使っているつまみは12種類です。

5. つまみを葺く (p.64)

つまみ細工では、つまみに接着剤をつけ、土台に配置することを「葺く」といいます。仕上がりを決める最も大切な工程です。花によって葺く枚数や配置が異なります。

6. 組み上げる (p.108)

モチーフを束ねてコームなどに固定することを「組み上げる」といいます。束ねる際にフローラルテープを使うと簡単。仕上げに刺しゅう糸を巻くと本格的な仕上がりになります。

作り方ページで使用する布、材料について

・作り方ページでは、入手しやすいキュプラを使用して撮影しています。掲載作品と同じ仕上がりにしたい場合は、材料内に記載の布で作ってください。
・作り方ページの道具は、「基本の道具」(p.38)以外のものを掲載しています。ただし、つまみを作る木工用ボンド、でんぷんのりは、葺くときにどちらを使っているかをわかりやすくするため記載しています。

道具

A カッター
土台のスチロールボールを半分に切るのに使います。

B はさみ
（左：布切りばさみ　右：クラフトばさみ）
布切りばさみは布をおおまかに切るのに使います。クラフトばさみは刺しゅう糸を切ったり、土台の厚紙を切ったりするのに使います。

C カッティングボード
布を切るときに下に敷きます。目盛りがあると便利。本書では、さがり(p.114)を作るときの下敷きにも。

D ローラーカッター
布を小さく切った「カット布」を作るときに使います。一度に大量のカット布を切るのに便利。

E 定規
布を切るときや材料の寸法を計るときに。

F 両面テープ
つまみを葺く土台に、持ち手にする金具(p.46)を仮固定します。

G マスキングテープ
さがり(p.114)を作るときに、唐打ちひも(p.39)をカッティングボードに固定します。

H ピンセット
布を折りたたんでつまみを作ったり、つまみを葺くのに使います。先がまっすぐなものがおすすめ。

I でんぷんのり
つまみを作るとき、つまみを土台に葺くのに使います。本書ではイチョウ(p.78)、タマバラ(p.84、p.106)を葺くときに使っています。

J 板・へら
でんぷんのりを練ってのばします。かまぼこの板や牛乳パックを開いて使ってもOK。

K 木工用ボンド
つまみを作るとき、つまみを土台に葺くときに使います。本書ではほとんどの作品において木工用ボンドを使っています。

L つまようじ
つまみを作るとき、布に木工用ボンドをつけるのに使います。

M サークルカッター
土台を作るのに、厚紙を丸く切るのに使います。

N 目打ち
全球土台(p.48)に穴をあけるのに使います。

O ニッパー
地巻きワイヤーを切るのに使います。

P ヤットコ
地巻きワイヤーの先を丸めたり、折り曲げたりするのに使います。

材料

A 布
本書では正絹羽二重、キュプラ、コットンの3種類を使っています。

B フローラルテープ
モチーフを束ねたり、組み上げたりするのに使います。

C 地巻きワイヤー
土台の足に。本書では18番と22番と24番を使っています。

D ペップ
花心に使用します。素玉ペップやいばらペップなど、質感や色はさまざまです。

E ビーズ・スワロフスキーなど
ペップ同様、花心に使用します。パールビーズなど、好みのものを。

F 脱脂綿
チューリップ(p.70)やつぼみ(p.115)を作るときに、小さく切って使います。化粧用コットン、消毒用コットンでも可。

G 厚紙
土台を作るのに使います。

H 唐打ちひも
さがり(p.114)を作るのに使います。

I アクセサリー金具
モチーフをアクセサリーに仕上げるときに。皿つきのものはモチーフを皿に接着し、皿なしのものはフローラルテープや刺しゅう糸で固定します。

J 刺しゅう糸
モチーフをコームなどに組み上げるのに使います。色は好みのものでOK。

布を用意する

つまみ細工のスタートは、布選びから。本書の作品で使う布は3種類。正絹羽二重については扱いやすい12匁(布の厚みをあらわす単位)の布を使用しています。

正絹羽二重(しょうけんはぶたえ)

シルク100％の生地。きめが細かく、薄いもの(匁の軽いもの)ほど小さな作品向き。繊細な仕上がりになります。また、薄すぎると木工用ボンドでは作りにくいため、でんぷんのりで作るのがおすすめ。市販品は色数が少ないので、布を染めるのが一般的。

キュプラ

コットンの再生生地。スーツなどの高級裏地として使われています。大型手芸店で入手でき、色数も豊富。正絹羽二重に近い風合いで、木工用ボンドで作るのにも適しており、手軽に繊細な作品を作りたいときにおすすめ。

コットン

大型手芸店で販売されているカットクロスなど。伸縮性のないタイプが多いので、紙のようにきっちり折れます。薄手のものが接着しやすく、木工用ボンドで作るのにも最適。ハリはなく、合わせつまみ(p.63)の作品は仕上がりが平面的になりがち。

Advice そのほかの布と特徴は?

ポリエステルサテン

ツヤのある生地。ハリが強いので小さなモチーフ作りには不向きです。
木工用ボンド→△
でんぷんのり→×

鬼縮緬(おにちりめん)

きめが荒いので小さな作品には不向きです。木工用ボンドで作る場合は、ポリエステル製は接着しにくいので、レーヨン、木綿を使って。
木工用ボンド→○
でんぷんのり→△

一越縮緬(ひとこしちりめん)

薄手のちりめん。のりづきがよく、ほどよいハリがあるので、初心者の人におすすめ。ポリエステル製ではなくレーヨンか絹が○。
木工用ボンド→◎
でんぷんのり→○

シフォン

伸縮性があるため扱いがやや難しいものの、薄手で透明感が出ます。花びらが幾重にも重なるモチーフに使うと仕上がりがきれいです。
木工用ボンド→△
でんぷんのり→○

着物表

着物の表地。つまみ細工に使うには厚く、ハリが強いため、初心者には扱いづらいものの、慣れれば型崩れしにくく丈夫な作品が作れます。
木工用ボンド→○
でんぷんのり→△

着物裏

八掛や胴裏などの着物の裏地。高級感のあるふんわりとした風合いです。伸縮性があり、折りづらいものの、丸つまみ(p.52)を使った花向け。
木工用ボンド→○
でんぷんのり→○

布を切る

布はカッティングボードの上で、マス目にそって切ります。
ローラーカッターを使うと一度にたくさんのカット布が作れます。

1 布を置く

布をカッティングボードのマス目にそってまっすぐ置く。

2 定規をあてる

布に対して平行に定規をあてる。ローラカッターを動かすところまで、指を広げて定規を固定する。

3 切る

ローラカッターを順手で持ち、手前から奥に向かってローラカッターを動かして切る。
NG 逆手で持ち、奥から手前に引くと手が滑ったときにケガの原因に。

4 完成

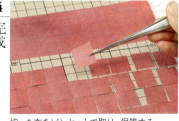

切った布をピンセットで取り、保管する。

Advice　カット布の保管は？

カット布は一度にたくさん作っておき、色、サイズ別に薬ケースなどに入れておくと便利です。退色を防ぐため、直射日光は避けて暗所に保管しましょう。薄くてしわがよりやすいので、取り出すときはピンセットを使います。

布を染める

好みの色の布がないときは、自分で染めてみましょう。
「布用絵の具」と「油性ペン」を使った簡単な方法を紹介します。

絵の具で染める

材料 布、布用絵の具　　**道具** 筆、クリアファイル

1 水で濡らす

クリアファイルの上に布を置き、筆を使って表面を濡らす。
Point 布がひたひたになるくらいに濡らす。

2 絵の具を広げる

水で溶いた絵の具を筆にとり、ポンポンとたたくようにして布に広げる。
Point グラデーションに仕上げたいときは、まず全体に薄く広げてから濃くしたい部分にさらに色を重ねる。

3 乾かす

平らにした状態で自然乾燥させる。乾いたらアイロンをかけて整える。
Point ドライヤーなどの温風で乾燥させると、素材によっては布が縮むので、必ず直射日光を避けて自然乾燥させる。

油性ペンで染める

材料 布、油性ペン、アルコール（消毒用エタノール）　　**道具** 筆、クリアファイル、スポイト

1 アルコールで濡らす

クリアファイルの上に布を置き、スポイトでアルコールを落とし、表面を濡らす。
Point 布がひたひたになるくらいに濡らす。

2 油性ペンで着色する

油性ペンをポンポンとたたくようにして色をつけていく。
Point グラデーションにしたいときは、濃くする部分に繰り返しペンを押しつけ、薄くぼかしたい部分にはスポイトでアルコールを落とす。

3 乾かす

平らにした状態で自然乾燥させる。乾いたらアイロンをかけて整える。
Point ドライヤーなどの温風で乾燥させると、素材によっては布が縮むので、必ず直射日光を避けて自然乾燥させる。

土台を作る

つまみを花のモチーフにするには、土台となるものが必要です。
本書で使っている土台は5種類。それぞれの特徴と作り方を紹介します。

A

平土台 (p.45)
厚紙を布でくるんだ平たい土台。イヤリング、ブローチなど皿つきのアクセサリー金具にはりつけて使います。

野分 (p.96)

B

傘土台 (p.46)
円形に切った厚紙を布でくるみ、その上に傘形にした厚紙をはって作る立体的な土台。花びらの高さを抑え、横から見るとフラットな形の花を作ることができます。

汐汲 (p.73)

C

半球土台 (p.47)
半分に切ったスチロールボールに布をはった立体的な土台。土台の裏側は平らなので、皿つきのアクセサリー金具などにはって仕上げます。

恋のうつろひ (p.68)

D

全球土台 (p.48)
スチロールボールに布をはった、球体の土台。球体の中心に穴をあけ、ワイヤーやピン類を通してアクセサリーに仕上げます。

京鹿子 (p.94)

E

足つき(平・傘・半球)土台 (p.49)
平・傘・半球土台に、地巻きワイヤーの足をつけた土台。ワイヤーは花の茎にあたります。かんざしやヘアコームなど、皿つきではないアクセサリー金具につけたり、花をブーケのようにまとめるときに使います。

吉野山 (p.66)
傾城 (p.108)

A 平土台

もっともよく使う土台です。布がしわにならないようにはり、できるだけ平たく仕上げましょう。

[材料(土台1個分)]
布 3.5cm角──1枚
厚紙(直径2cmの円形に切ったもの)──1枚

[道具]
木工用ボンド

1 材料を用意する

布と円形に切った厚紙を用意する。

2 厚紙をはる

厚紙に木工用ボンドをつける。

布の中央に厚紙をはる。

3 厚紙をくるむ

厚紙に木工用ボンドをつけ、指で布を巻き込むようにしてはっていく。

Point 角ができないよう細かくヒダを寄せて布をはる。あまった布は、かさばらないようにはさみで切って整える。

4 完成

よく乾燥させたら完成。

Advice

布のサイズと素材はどうするの？ 土台のサイズと形は？

布は厚紙よりもひとまわり大きい正方形を目安に、縮緬など、目が粗くざらついた布や和紙を使うとよいでしょう。厚紙のかわりにフェルトを使ってもOKです。土台のサイズは、使用したいアクセサリー金具や葺くつまみのサイズ、個数によって調整しましょう。本書では写真のような四角形や半円形、扇形の平土台も使っています。

半円形／四角形／扇形

B 傘土台

平土台の上に、円すい形の土台をのせる傘土台。立体的な傘形は、厚紙に切り込みを入れ、はり合わせて作ります。

材料（土台1個分）
布 3.5cm角……1枚
厚紙（直径2cmの円形に切ったもの）……2枚

道具
木工用ボンド

1 材料を用意する

布と円形に切った厚紙を用意する。

2 平土台を作る

平土台（p.45）の2〜4と同様に、平土台を作る。

3 厚紙を傘形にする

はさみで2枚目の厚紙の中心まで切り込みを入れる。

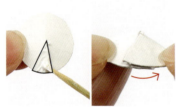

切り込みの一方に木工用ボンドをつけてもう一方とはり合わせる。

はり合わせたところ。

4 完成

傘形の厚紙のふちに木工用ボンドをつけて平土台の上にはる。乾いたら完成。
Point 木工用ボンドは傘形の厚紙側につける。多少はみ出ても、乾けば透明になるのでOK。

Advice

葺くときは皿つき金具に仮固定して

平土台や傘土台につまみを葺くときは、皿つきのヘアピン金具など、持ち手にできるアクセサリー金具に両面テープなどで仮固定します。葺き終えたら外しましょう。

C 半球土台

カーブに沿って、布を軽く引き寄せながらはりつけるのがポイント。余った布はカットして、指できれいにならします。

[材料（土台1個分）]
布 5cm角……1枚
スチロールボール（直径2.5cmを半分に切ったもの）……1個

[道具]
木工用ボンド

1 材料を用意する

布と半分に切ったスチロールボールを用意する。

2 半球をはる

スチロールボールの底面に、木工用ボンドをつける。

布の中央にはる。

3 半球をくるむ

スチロールボールを指で押さえながら、布に木工用ボンドをつける。

角を、中央に折りたたむようにしてはっていく。
Point 左右、上下と向かい合う角同士を折りたたむ。

4 表面を整える

余った4か所の角を押さえ、スチロールボールとの間にすき間ができないようにしっかりはり合わせる。

はり合わせた部分をはさみで切り落とし、球の表面に沿って指で整える。
Point 布を切ったら、継ぎ目を指でなでるようにしてなじませるとよい。

5 完成

よく乾燥させたら完成。

D 全球土台

手順は半球土台（p.47）と同じ。カーブに沿って、布を引き寄せながらはりつけ、指でならすのがポイントです。

[材料（土台1個分）]
布 5cm角……1枚
スチロールボール（直径2.5cm）……1個

[道具]
木工用ボンド

1 材料を用意する

布とスチロールボールを用意する。

2 全球をはる

スチロールボールの表面に、木工用ボンドをつける。

3 全球をくるむ

布の中央に2の全球を置く。

スチロールボールを指で押さえながら、布に木工用ボンドをつける。

角を、中央に折りたたむようにしてはっていく。
Point 上下、左右と向かい合う角同士を折りたたむ。

4 表面を整える

余った4か所の角の布を指で押さえ、スチロールボールとの間にすき間ができないようにしっかりはり合わせる。

はり合わせた部分をはさみで切り落とし、球の表面に沿って指で整える。
Point 布を切ったら、継ぎ目を指でなでるようにしてなじませるとよい。

5 完成

よく乾燥させたら完成。

E 足つき(平・傘・半球)土台

土台中央に目打ちで穴をあけ、ワイヤーを通して足をつけます。ワイヤーの先を曲げて、土台との接着面にします。

材料(土台各1個分)
平土台(p.45)、傘土台(p.46)、半球土台(p.47)……各1個
地巻きワイヤー(22番)……1本

道具
木工用ボンド

1 足を作る

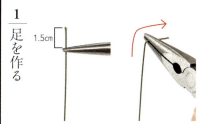

平ペンチを使い、ワイヤーの先から約1.5cmのところで直角に折り曲げる。
Point 曲げる位置は、土台のサイズに合わせて調整する。

折り曲げたところより少し先を平ヤットコではさみ直し、ワイヤーを平ヤットコに巻きつけるようにして曲げる。

先を曲げたところ。

2 平土台につける

厚紙の中央に目打ちで穴をあける。平土台(p.45)の2と同様に、布の中央に厚紙をはる。曲げた足の先に木工用ボンドをつけ、あけた穴に通す。

3 完成

足ごと巻き込むようにして布をはり、余った部分ははさみで切って整えたら完成。

Advice

傘土台、半球土台のときは?

足の作り方は、平土台の足と同じです。

傘土台に足をつける

平土台に足をつけてから、傘土台(p.46)の3〜4と同様に傘形の厚紙をはる。

半球土台に足をつける

半球土台(p.47)の2で、スチロールボールを布の中央にはったときに、ボールの中心に目打ちで穴をあけ、足をとおす。半球土台(p.47)の3〜4と同様に、布でくるめば完成。

つまみを作る

本書で使うつまみは、「丸つまみ」「剣つまみ」「合わせつまみ」の3種類とつまみを少しカットして作る「端切り」の4種類。
これらをアレンジして計12種類のつまみを作ります。
各つまみの名称と特徴、基本の作り方をおさえておきましょう。

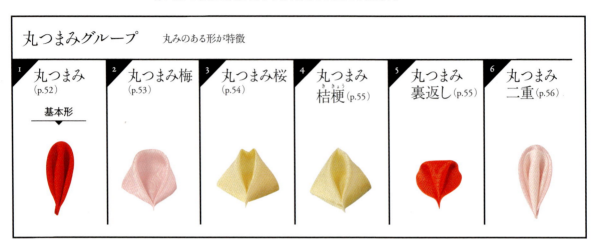

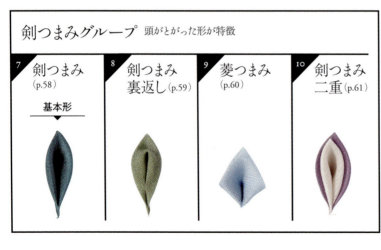

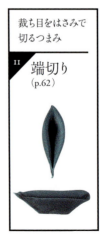

木工用ボンドを使う

土台につまみを葺く(p.64)とき、裁ち目につまようじで木工用ボンドをつけます。
木工用ボンドは、でんぷんのりよりも速乾性に優れ、形が崩れにくいので初心者向きです。

1 木工用ボンドを器に出す

容器から木工用ボンド適量を器に出す。

2 裁ち目に塗る

つまみを作ったら、形が崩れないように裁ち目につまようじで木工用ボンドをつけ、指でおさえて固定する。
NG ノズルから直接出してつけるのは×。

でんぷんのりを使う

でんぷんのりを板にのばした「のり板」を作り、つまみを置いていきます。
60〜90分で乾燥してしまうので、基本的に1回で使う分だけのつまみを並べて使います。

1 のり板を作る

でんぷんのり適量を板の端にとる。

へらでなめらかになるまで練る。

のり板が完成。

2 つまみを置く

つまみを作り、先をよくとがらせて形を整える。
Point 指に少しだけでんぷんのりをつけて、裁ち目に塗ると整えやすい。

つまみの先をでんぷんのりに埋めるように並べていく。
Point つまみが倒れそうなときは、端を指で支えながら置くとよい。

Advice
のりは均一にのばして

置いたつまみにのりを均等に吸わせるために、でんぷんのりは板の上に均一に広げることが大切。表面がデコボコしないように整えましょう。

I 丸つまみ

丸い花びらの花を作るのに基本となるつまみです。

材料（花びらひとつ分）
布 3cm角……1枚

道具
木工用ボンド

1 はさむ

布の中心線よりやや右側をピンセットではさむ。
Point 中心線上をはさむと、折ったときに布がピンセットの幅の分だけずれるので、少し右側をはさむ。

2 折る

ピンセットを返し、右から左へ布を折る。

3 ピンセットを抜く

布の角がずれないように、指でおさえながらピンセットを抜く。

4 はさみ直す
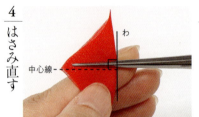

中心線よりやや上の位置ではさみ直す。
Point ピンセットは布の折り目「わ」に対して直角にはさむ。

5 折る

上側を下へ折り、角を合わせる。

6 ピンセットを抜く

合わせた角を指でおさえながら、ピンセットを抜く。裁ち目が垂直になるように布を回転させる。

7 はさみ直す

中心線よりやや上側をはさみ直す。

8 折る
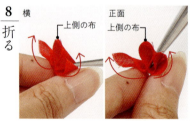

ピンセットより下側の布が、上側の布の左右にくるように折り上げる。
Point ピンセットを軸にして、指で押し上げるように下から上へと折り上げる。

9 ピンセットを抜く

つまみの裁ち目を指でおさえた状態でピンセットを抜く。

10 形を整える

裁ち目よりややずらしてピンセットではさみ直し、裁ち目に木工用ボンドをつける。指で軽くおさえて形を整える。

指の動き

11 完成

正面　横　うしろ

乾いたら完成。

---

2 丸つまみ梅

丸つまみの頭を少しつまんで起こしたもの。内側がへこんだ形の丸い花びらです。

材料（花びらひとつ分）
布 3cm角―1枚

道具
木工用ボンド

1 丸つまみを作る

丸つまみ（p.52）を作る。
Point 「丸つまみ梅」は「丸つまみ」のアレンジ。まずは丸つまみを作る。

2 頭を起こす

つまみの頭の中央をピンセットで少しはさみ、手前に起こす。

3 うしろを広げる

うしろに返して、接着したつまみの裁ち目を指ではがし、左右に広げる。

4 完成

正面　横　うしろ

形を整えて完成。

3 丸つまみ桜

丸つまみの頭にくぼみをつけ、桜の花びらを表現したつまみです。

[材料（花びらひとつ分）]
布 3cm角…1枚

[道具]
木工用ボンド、でんぷんのり

1 丸つまみを作る

丸つまみ（p.52）を作る。
Point「丸つまみ桜」は「丸つまみ」のアレンジ。まずは丸つまみを作る。

2 うしろを広げる

うしろに返して、接着したつまみの裁ち目を指ではがして、左右に広げる。

3 くせをつける

つまみの頭の中央に、つまようじででんぷんのりを少量つける。指ではさみ、頭の中心を確認する。
Point でんぷんのりを使うのは、軽くくせづけした状態でキープするため。木工用ボンドは接着力が強いので不向き。

確認した頭の中心にピンセットの先をあて、内側にくぼませる。
Point 深くくぼませすぎると桜に見えないので注意。

くぼみの左右にできたふたつの山をピンセットではさみ、先をとがらせる。

左右2つの山をあわせて指ではさみ、さらにくせをつける。

4 完成

正面　横　うしろ

乾いたら完成。

4 丸つまみ桔梗

頭をツンととがらせた桔梗型のつまみです。頭の中央に指でくせをつけて作ります。

材料(花びらひとつ分)
布 3cm角……1枚

道具
木工用ボンド

1 丸つまみを作る

丸つまみ(p.52)を作る。
Point 「丸つまみ桔梗」は「丸つまみ」のアレンジ。まずは丸つまみを作る。

2 うしろを広げる

うしろに返して、接着したつまみの裁ち目を指ではがし、左右に広げる。

3 くせをつける

つまみの頭の中央に、つまようじで木工用ボンドを少量つける。

頭がとがるように指ではさんでくせをつける。

4 完成

形を整えて完成。

---

5 丸つまみ裏返し

丸つまみを指の腹で押し出すように裏返すだけ。ふっくらと広がった花びらになります。

材料(花びらひとつ分)
布 3cm角……1枚

道具
木工用ボンド

1 丸つまみを作る

丸つまみ(p.52)を作る。
Point 「丸つまみ裏返し」は「丸つまみ」のアレンジ。まずは丸つまみを作る。

2 裏返す

裁ち目につけたボンドが完全に乾いたら、指でつまみの頭と先を持つ。

頭を持っているひとさし指に布をかぶせるように裏返す。

3 完成

正面　横　うしろ

形を整えて完成。

6 丸つまみ二重

大きさの違う2枚の布を重ねて作った丸つまみです。布を違う色にすると丸つまみとの違いが際立ちます。

材料（花びらひとつ分）
布 3cm角（薄ピンク）、
2.8cm角（白）……各1枚

道具
木工用ボンド

1 内側の布を折る

内側の布（白）を中心線で折り、三角形にする。

2 持ち直す

ピンセットを持たないほうの手の、ひとさし指と中指の間に1をはさむ。

Point 三角形の角をずらさないようにして、指の間にはさむ。

3 外側の布をはさむ

2の状態のまま外側の布（薄ピンク）を同じ側の手で持ち、中心線よりやや右側をピンセットではさむ。

4 折る

ピンセットを返し、右から左へ布を折る。

5 はさみ直す

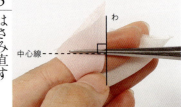

ピンセットを抜き、外側の布（薄ピンク）を中心線よりやや上の位置ではさみ直す。

Point ピンセットは布の折り目「わ」に対して直角にはさむ。

6 重ねてピンセットを抜く

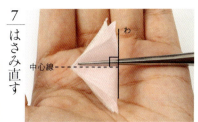

外側の布(薄ピンク)を、内側の布(白)の上に重ねる。角を指ではさんでピンセットを抜く。
Point 布のサイズが違うのできちんと重ならないが、角が合っていればOK。

7 はさみ直す

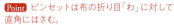

合わせた2枚の布を一緒にしてはさみ直す。はさむ位置は、中心線よりやや上側。
Point ピンセットは布の折り目「わ」に対して直角にはさむ。

8 折る

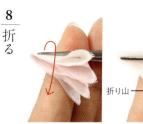

上側を下へ折り、角を合わせる。
Point 2枚の布のサイズが違うので、折山は合っていなくてよい。

9 ピンセットを抜く

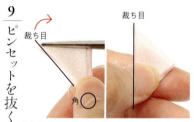

合わせた角を指でおさえながら、ピンセットを抜く。裁ち目が垂直になるように布を回転させる。

10 はさみ直す

中心線よりやや上側をピンセットではさみ直す。

11 折る

ピンセットより下側の布が、上側の布の左右にくるように折り上げる。
Point 折り上げた下側の左右の布は、それぞれ2枚ずつ重なっている状態。

12 ピンセットを抜く

つまみの裁ち目を指でおさえた状態で、ピンセットを抜く。

13 形を整える

裁ち目よりややずらしてピンセットではさみ直し、裁ち目に木工用ボンドをつける。指で軽くおさえて形を整える。

14 完成

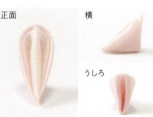

乾いたら完成。

7 剣つまみ

丸つまみと並ぶ基本的な形です。頭の先がとがっていて、輪の片方が二重になっているのが特徴です。

[材料（花びらひとつ分）]
布 3cm角……1枚

[道具]
木工用ボンド

1 はさむ

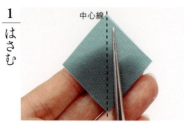

布の中心線よりやや右側をピンセットではさむ。

Point 中心線上をはさむと、折ったときに布がピンセットの幅の分だけずれるので、少し右側をはさむ。

2 折る

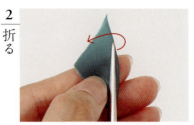

ピンセットを返し、右から左へ布を折る。

3 ピンセットを抜く

布の角がずれないように、指でおさえながらピンセットを抜く。

4 はさみ直す

中心線よりやや上の位置ではさみ直す。

Point ピンセットは布の折り目「わ」に対して直角にはさむ。

5 折る

上側を下へ折り、角を合わせる。

6 ピンセットを抜く

合わせた角を指でおさえながら、ピンセットを抜く。裁ち目が垂直になるように布を回転させる。

7 はさみ直す

中心線よりやや上側をはさみ直す。

Point ここまでの工程は丸つまみ(p.52)の1〜7と同じ。

8 折る

ピンセットより下側の布を、2枚まとめて上へ折り上げる。

Point 下側の布をピンセットの手前で折り上げるか、ピンセットの奥で折り上げるかは、作りやすいほうでOK。

9 ピンセットを抜く

つまみの裁ち目を指でおさえた状態で、ピンセットを抜く。

10 形を整える

裁ち目から少し上をピンセットではさみ直し、裁ち目に木工用ボンドをつける。指で軽くおさえて形を整える。

11 完成

正面　横

うしろ　ずれていてOK

乾いたら完成。
Point うしろから見て、2枚の布が重なる部分はずれていてOK。

Advice
頭が傾いたら「指すり」で修正を

8で布を折り上げたとき、つまみの頭の先がきちんと中心にきているかを確認してから、裁ち目に木工用ボンドを塗ります。写真のように頭の先がずれていたら、裁ち目をおさえた指をすり合わせるように動かし、頭の先がまっすぐになるように調整しましょう。

頭の先が中心からずれている

頭の先が傾いた状態はNG。　指先をすり合わせるようにして修正する。

---

8 剣つまみ裏返し

剣つまみを裏返すだけ。花びらのほか、葉にも使えるつまみです。

材料（花びらひとつ分）
布 3cm角―1枚
道具
木工用ボンド

1 剣つまみを作る

剣つまみ(p.58)を作る。
Point「剣つまみ裏返し」は「剣つまみ」のアレンジ。まずは剣つまみを作る。

2 裏返す

裁ち目に塗ったボンドが乾いたら、指でつまみの頭と先を持つ。

頭を持っているひとさし指に布をかぶせるように裏返す。

3 | 完成

正面　横

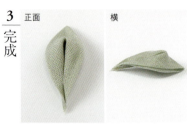

形を整えて完成。

9 菱つまみ

まず剣つまみを作り、そこからさらに折りたたんで作る菱形の花びらです。四角い形が特徴。

[材料(花びらひとつ分)]
布 3cm角…1枚

[道具]
木工用ボンド

1 | 剣つまみを作る

剣つまみ(p.58)を1～9まで同様に作る。
Point 「菱つまみ」は「剣つまみ」のアレンジ。まずは裁ち目に木工用ボンドをつける手前まで剣つまみと同様に作る。

2 | はさむ

横　腰　上

腰から5mmくらいのところを、ピンセットで垂直にはさむ。

3 | 折る

つまみの先を、ピンセットを軸にして左右に折り曲げる。

4 | ピンセットを抜く

横　上

折った布を指でおさえ、ピンセットを抜く。

5 | はさみ直す

横　腰　上

つまみの腰に対して直角にピンセットをはさみ直す。

6 形を整える

裁ち目よりややずらしてピンセットではさみ直し、裁ち目に木工用ボンドをつける。指で軽くおさえて形を整える。

裁ち目を1〜2mmほど切る。

7 完成

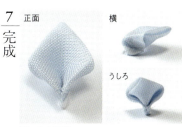

正面　横　うしろ

乾いたら完成。

---

10 剣つまみ二重

大きさの違う2枚の布を重ねて作った剣つまみです。色の違う布にすると剣つまみとの違いが際立ちます。

材料（花びらひとつ分）
布 3cm角（薄紫）、
　　2.8cm角（白）……各1枚

道具
木工用ボンド

1 外側の布を折る

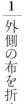
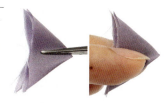

外側の布（薄紫）を剣つまみ（p.58）の1〜7で同様に作り、ひとさし指と中指ではさんで持つ。

2 内側の布をはさむ

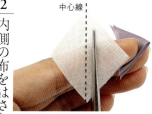

中心線

1の状態のまま内側の布（白）を同じ側の手で持ち、中心線よりやや右側をピンセットではさむ。

3 折る

ピンセットを返し、右から左へ布を折る。

4 はさみ直す・折る

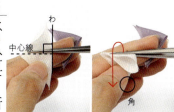

わ
中心線
角

ピンセットを抜き、内側の布（白）を中心線よりやや上の位置ではさみ直す。上側を下へ折り、角を合わせる。

Point ピンセットは布の折り目「わ」に対して直角にはさむ。

5 ピンセットを抜く

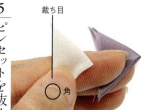

裁ち目
角

内側の布（白）の合わせた角を指でおさえながら、ピンセットを抜く。裁ち目が垂直になるように布を回転させる。

6 重ねる

ピンセットで内側の布(白)を外側の布(薄紫)の上に重ねる。

7 はさみ直す

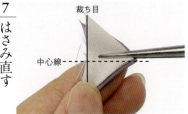

ピンセットを抜き、合わせた2枚の布を一緒にしてはさみ直す。はさむ位置は、中心線よりやや上側。

Point 布のサイズが違うのできちんと重ならないが、裁ち目が合っていればOK。

8 折る

ピンセットより下側を、4枚まとめて折り上げる。

Point 下側を4枚まとめて折り上げるのがポイント。上側の布に対して、手前でも奥でもOK。

9 ピンセットを抜く

つまみの裁ち目を指でおさえた状態で、ピンセットを抜く。

10 形を整える

裁ち目からややずらしてピンセットではさみ直し、裁ち目に木工用ボンドを塗る。指で軽くおさえて形を整える。

11 完成

正面　横　うしろ

乾いたら完成。

II 端切り

つまみのうしろを切ります。花びらの高さを調整したり整えるための技法です。剣つまみで端切りの仕方を紹介します。

材料(花びらひとつ分)
布 3cm角……1枚

道具
木工用ボンド

1 剣つまみを作る

剣つまみ(p.58)を作る。

2 うしろを切る

つまみのうしろをはさみで切る。

Point 切る角度は、仕上がりの花びらの高さに応じて調整する(p.63 Advice参照)。

3 形を整える

2で切ったところに木工用ボンドを塗る。指で軽くおさえて形を整える。乾いたら完成。

Advice

どうして端切りするの？

花びらの高さを低くする

うしろを切ることで高さがおさえられ、花がフラットになります。また、小さな土台にたくさんつまみを葺くときに、接着できる面を広げるためにも使います。

見た目を整える

つまみからはみ出した部分を切ることで仕上がりがきれいになります。

---

12 合わせつまみ

ピンセットを使わず、手で折って台形のつまみを作ります。

材料（花びらひとつ分）
布 3cm角──1枚

道具
木工用ボンド

1 半分に折る

布の角につまようじで木工用ボンドを少量つける。

向かい合う角を合わせて、2つ折りにする。

2 角を折る

布の折り目「わ」の両端に木工用ボンドを少量つけ、布を少しだけ内側へ折りたたむ。

3 形を整える

裁ち目がほつれないように木工用ボンドを薄くつけ、形を整える。

4 完成

表　裏

乾いたら完成。

つまみを葺く

つまみを準備したら木工用ボンドまたはでんぷんのりをつけて土台に葺いていきます。基本の葺き方ときれいに葺くコツをご紹介します。

木工用ボンドで葺く

すぐに乾くので土台に固定しやすく、初心者向き。本書のモチーフはほぼ木工用ボンドを使って葺くことができます。

1 木工用ボンドをつける
小皿に木工用ボンドを少量出し、つまみの裁ち目につけます。

2 土台にひとつ葺く

土台の中心につまみの先がくるようにして、まず葺きやすいところにひとつ葺く。
Point つまみは土台からはみ出していてOK。

3 枚数分葺く
花びらが奇数の場合は時計回りに、偶数の場合は対角線上に葺いていく。
NG 土台を回転させずに葺いていくと、つまみが傾く原因になる。

Advice

きれいに葺くコツって？

中心を軽く押さえて葺く

花の中心をひとさし指で軽く押さえながら葺くと、ピンセットを抜きやすく、楽に花びらが固定できます。

つまみのすき間を調整する

バランスを調整するのは、すべてのつまみを葺き終えてから。横から見てつまみ同士の間にすき間があれば、ピンセットでくっつけます。

整えるときはひとつずつ

位置を調整するときに、ひとつだけつまみを動かそうとしても、隣同士がくっついていて、全体が崩れてしまうことがあります。つまみをピンセットで離してから整えましょう。

でんぷんのりで葺く

のり板(p.51)から外して土台に葺きます。でんぷんのりは、木工用ボンドよりも速乾性がないので、土台の上でつまみを開いたり、カーブさせたり、つまみの形を変えて葺くモチーフに使います。

1 のり板から外す

のり板に対して並行に、すべらせるようにしてピンセットで外す。

2 つまみの形を整える

ピンセットの動き

親指とひとさし指でV字を作ったら、裁ち目を指先で押さえながらつまみを手前に引き、先端を整える。

3 のりをつけ直す

裁ち目の半分くらいまで、でんぷんのりをつけ直す。

4 土台にひとつ葺く

土台の中心に先端がくるようにして、葺きやすいところにひとつ葺く。

5 つまみの形を調整する

つまみのうしろを開く場合はこのときに行う。

Point でんぷんのりを使うつまみは、土台に葺いてから形を調整する。

6 枚数分葺く

ひとつめのつまみ / 葺く方向

土台を回転させながら時計回りに葺いていく。

Advice

花心のつけ方は?

高さのある花びらにつける

ペップは花びらが完全に乾かないうちにつけます。ペップの芯を2~3mmほど残し、木工用ボンドをつけて花の中心に差し込みます。

フラットな花びらにつける

ペップは花びらが完全に乾いてからつけます。ペップの芯を切って頭だけを残し、花の中心に木工用ボンドをつけ、ピンセットで並べます。

吉野山（よしのやま） p.6

サクラ大……つまみ部分　直径約2cm
サクラ小……つまみ部分　直径約1.5cm
つぼみ（がくなし）……つまみ部分　直径約1cm
つぼみ（がくあり）……つまみ部分　直径約1.5cm

使用するつまみ　丸つまみ桜(p.54) 　丸つまみ裏返し(p.55)　剣つまみ裏返し(p.59)

ハットピン
ａ サクラ大
ｃ つぼみ（がくなし）
ｂ サクラ小
ｄ ｅ つぼみ（がくあり）
ハットピン金具
足つき平土台 (p.49)

材料

サクラ大 1個分
布（正絹羽二重）
　ａ 2cm角（ピンク）……5枚
土台
　足つき平土台（直径1.5cm）……1個
花心
　バラペップ（黄色）……適量

サクラ小 1個分
布（正絹羽二重）
　ｂ 1.5cm角（ピンク）……5枚
土台
　足つき平土台（直径1cm）……1個
花心
　バラペップ（黄色）……適量

つぼみ（がくなし） 1個分
布（正絹羽二重）
　ｃ 1.5cm角（ピンク）……3枚

つぼみ（がくあり） 1個分
布（正絹羽二重）
　ｄ 2cm角（ピンク）……3枚
　ｅ 1.5cm角（あずき）……3枚

その他
ハットピン金具……1個
フローラルテープ（茶）……適量
地巻きワイヤー（22番）……7cm長さを2本
脱脂綿……適量

道具
木工用ボンド、平ヤットコ

1　材料を用意する

サクラ大用布ａ、サクラ小用布ｂ、つぼみ（がくなし）用布ｃ、つぼみ（がくあり）用布ｄｅ、土台、バラペップ、ハットピン金具、フローラルテープ、地巻きワイヤー、脱脂綿を用意する。

2　サクラを葺く

サクラ大用布ａをすべて丸つまみ桜にする。土台を5分割し、ひとつめを葺く。

ひとつめと同様に時計回りに計5つ葺く。

3　花心をつける

ペップの芯を2～3mmほど残し、木工用ボンドをつけて花の中心に差し込む。

4 茎を仕上げる

足つき平土台の花の下を90度に曲げる。

同様に、サクラ小用布 b でサクラ小を作る。これでサクラの花は完成。

5 つぼみを葺く

地巻きワイヤーの先に木工用ボンドをつけ、小さく切った脱脂綿を巻きつける。つぼみ（がくなし）用布 c をすべて丸つまみ裏返しにする。脱脂綿の表面に木工用ボンドをつけ、おおうように計3つ葺く(p.115「つぼみ」参照)。

同様に、つぼみ（がくあり）用布 d でつぼみを葺いたら、つぼみ（がくあり）用布 e をすべて剣つまみ裏返しにし、つぼみのつけねに木工用ボンドをつけておおうように計3つ葺く(p.115「つぼみ」参照)。

6 茎を仕上げる

花とつぼみの足に、フローラルテープを巻く。

すべて巻いたところ。

7 ハットピンに仕上げる

サクラ大を、フローラルテープでハットピン金具につける。サクラ小、つぼみを位置をずらしてつけ、フローラルテープを巻いて固定し、完成。

ARRANGE
リング / ピアス / イヤーカフ

恋のうつろひ p.8

アジサイ──つまみ部分　直径約1.5cm

使用するつまみ
菱つまみ (p.60)

ネックレス、ピアス

【材料(ネックレス)】

アジサイ 8個分
布(正絹羽二重)
　[a] 1.2cm角(ぼたん)……32枚
土台
　平土台(直径5mm)……8個
　半球土台(直径2cm)……1個
花心
　素玉ペップ(ベージュ)……8個

その他
ネックレスチェーン……1本
カンつきプレート……1個
ドロップビーズ(6×4mm・薄ピンク)
……2個
メタルチャーム(葉型)……1個
丸カン……3個
バチカン……1個

【材料(ピアス)】

アジサイ 1個分
布(正絹羽二重)
　[b] 1.2cm角(ぼたん)……8枚
土台
　平土台(直径5mm)……2個
花心
　素玉ペップ(ベージュ)……2個

その他
皿つきピアス金具……1組
9ピン……2本
丸カン……2個
ドロップビーズ(6×4mm・薄ピンク)
……2個

【道具】
木工用ボンド、接着剤(金属用)、
平ヤットコ、丸ヤットコ

---

1 材料を用意する

アジサイ用布[a][b]、土台、素玉ペップ、カンつきプレート、ネックレスチェーン、ドロップビーズ、メタルチャーム(葉型)、丸カン、バチカンを用意する。

2 アジサイを葺く

アジサイ用布[a]をすべて菱つまみにする。土台を4分割し、ひとつめを葺く。反対側に次を葺く。

回転させ、同様に残りふたつを葺く。

3 花心をつける

ネックレス用に**2**を繰り返して花を8個作る。ペップは芯を切って頭だけを残したら、それぞれの中心につける。

4 ネックレスに仕上げる

3を半球土台に8個配置する。中心に2個、縦に並べてつける。

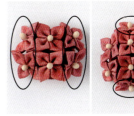

左右側面に2個ずつ、上下に1個ずつつける。

ネックレスは、ネックレスチェーンとカンつきプレートをバチカンでつなぐ。半球土台の裏側にカンつきプレートを接着剤(金属用)ではりつける。

ネックレスチェーンにドロップビーズ、メタルチャーム(葉型)を丸カンでつなぐ。ネックレスはこれで完成。

5 ピアスに仕上げる

2〜3と同様に、アジサイ用布**b**でピアス用にアジサイを2個作る。それぞれピアス金具の皿に接着剤(金属用)でつける。

ドロップビーズに丸カンを通し、ピアス金具と9ピンでつないで完成。

ARRANGE

アジサイA 布(薄青)

ドロップビーズ(6×4mm・薄青)

つまみ方、作り方は同じ。

春駒 (はるこま) p.10

チューリップ……つまみ部分　縦約2cm×横約1cm
クローバー……つまみ部分　直径約3cm

ガーランド

使用するつまみ
丸つまみ裏返し(p.55) 　剣つまみ裏返し(p.59)

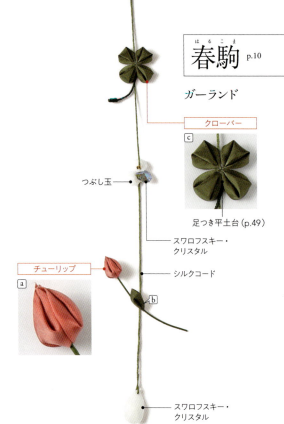

材料（ガーランド1本分）

チューリップ1個分
布（コットン）
　ⓐ 3cm角（ピンクベージュ）……3枚

葉1個分
布（コットン）
　ⓑ 3cm角（くすみ緑）……1枚

クローバー1個分
布（コットン）
　ⓒ 3cm角（くすみ緑）……4枚
土台
　足つき平土台（直径1.5cm）……1個

その他
地巻きワイヤー（18番）……9cm長さを1本
刺しゅう糸（くすみ緑）……適量
つぶし玉……2個

スワロフスキー・クリスタル（1.4cm・アークティックホワイト）……2個
スワロフスキー・クリスタル（1.4cm・クリスタルパラダイスシャイン）……1個
スワロフスキー・クリスタル（2.8×1.7cm・アークティックホワイト）……1個
シルクコード（緑）……60cm長さを1本
脱脂綿……適量

道具
木工用ボンド、平ヤットコ、接着剤（金属用　またはグルーガン、グルースティック）

1 材料を用意する
チューリップ用布ⓐ、葉用布ⓑ、クローバー用布ⓒ、土台、脱脂綿、刺しゅう糸、地巻きワイヤー、つぶし玉、スワロフスキー・クリスタル、シルクコードを用意する。

2 チューリップを葺く
地巻きワイヤーの先に木工用ボンドをつけ、小さく切った脱脂綿を巻きつける（p.115「つぼみ」の1参照）。

チューリップ用布ⓐをすべて丸つまみ裏返しにし、脱脂綿に木工用ボンドをつけ、ひとつめを葺く。

Point つまみに木工用ボンドをつけるとしみになることもあるので、脱脂綿につける。

ひとつめに少し重なるように、ふたつめを葺く。

3つめは、ひとつめとふたつめのすき間をうめるように葺く。

3つすべてのつまみを葺いたところ。

茎のワイヤー部分を軽くカーブさせる。

3 葉を葺く

葉用布 b を剣つまみ裏返しにし、茎部分に木工用ボンドでつける。これでチューリップは完成。

4 クローバーを葺く

クローバー用布 c をすべて丸つまみ裏返しにし、土台を4分割し、ひとつめを葺く。

時計回りに回転させ、ひとつめのつまみの反対側に次を葺く。

同様に残りふたつを葺く。

5 茎を仕上げる

足のつけねから長さ5cmほどに木工用ボンドをつけ、刺しゅう糸を巻いていく。余分な足はカットする。

71

地巻きワイヤーの先端3〜5mmくらいを折り返すように曲げ、上から刺しゅう糸を巻きつける。余分な糸を切り、木工用ボンドでほつれどめの処理をしたらクローバーは完成。

6／ガーランドに仕上げる

シルクコードの先にスワロフスキー・クリスタル（28×17mm）を通し、木工用ボンドでとめる。

スワロフスキー・クリスタル（14mm）をすべて通し、上下をつぶし玉で固定する（p.119）。
Point スワロフスキー・クリスタルはクローバー形に、3個をずらして接着剤（金属用）やグルーで固定する。つぶし玉も同様にとめる。

サンキャッチャーの間にチューリップとクローバーを接着剤（金属用）やグルーで固定し、完成。

ARRANGE
つまみ方、作り方は同じ。

チューリップA
布（アイボリー）

汐汲(しおくみ) p.12

ブローチ

テッセン——つまみ部分　直径約6.5cm

使用するつまみ
丸つまみ二重(p.56)
剣つまみ裏返し(p.59)

- 傘土台(p.46)
- テッセン
- 丸カン
- ボールチップ、つぶし玉
- パールビーズ
- 皿つきストールピン金具

[材料]

テッセン 1個分
布(正絹羽二重)
- ⓐ 4cm角(白)——8枚
- ⓑ 3.8cm角(白)——8枚

土台
- 傘土台(直径2cm)——1個

花心
- 素玉ペップ(薄青、薄紫、紫)——適量

葉 1個分
布(正絹羽二重)
- ⓒ 5cm角(若草)——1枚

その他
- 皿つきストールピン金具——1個
- 銀巻きワイヤー——10cm長さを1本
- パールビーズ(5mm・白)——10個
- テグス——適量
- ボールチップ、つぶし玉——1組
- 丸カン——2個

[道具]
- 木工用ボンド、接着剤(金属用)、平ヤットコ、丸ヤットコ

1 材料を用意する

テッセン用布ⓐⓑ、葉用布ⓒ、土台、素玉ペップ、皿つきストールピン金具、銀巻きワイヤー、パールビーズ、テグス、ボールチップ、つぶし玉、丸カンを用意する。

2 テッセンを葺く

テッセン用布ⓐⓑをすべて丸つまみ二重にする。土台を8分割し、土台中央につまみの頭がくるように、ひとつめを葺く。

Point 木工用ボンドはつまみの腰の半分くらいのところにつける。

時計回りに回転させ、ひとつめのつまみの反対側に次を葺く。

同様に、ふたつ葺く。

73

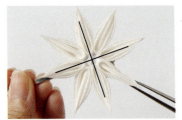

残りの4つも同様に、ふたつずつが対角線上にくるように葺く。

3 花心をつける

ペップは芯を切って、頭だけを残したら、紫を花の中心に木工用ボンドでつけ、その上に薄青をつける。

最後に薄紫をつける。これでテッセンは完成。
Point ペップは積み上げて高さを出し、花心がぷっくりするように仕上げる。

4 葉を葺く

葉用布cを剣つまみ裏返しにし、皿つきストールピン金具に接着剤（金属用）でつける。

5 つるを作る

銀巻きワイヤーをコイル状に巻く。

6 ブローチに仕上げる

パールビーズをテグスに通し、両端をボールチップとつぶし玉でとめる（p.119）。

テッセンを4の上に接着剤（金属用）でつける。

皿つきストールピン金具とパールチェーンを丸カンでつなぐ。

つるの先に接着剤（金属用）をつけ、ストールピン金具の皿と花の間に差し込む。乾いたら完成。

手習子 p.13

ダリア……つまみ部分　直径約4.5cm

使用するつまみ
剣つまみ(p.58)

シューズクリップ

材料
ダリア1個分
布（正絹羽二重）
　ⓐ 2cm角（真紅）……8枚
　ⓑ 2cm角（ビビッドピンク）……18枚
　ⓒ 2cm角（ピンク）……12枚
　ⓓ 2cm角（たまご）……22枚
土台
　半球土台（直径2.5cm）……1個

花心
　花心用座金（1.3cm・シルバー）……1個
その他
台座つきクリップ……1個
道具
木工用ボンド、接着剤（金属用）

1 材料を用意する

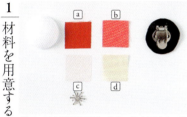

ダリア用布ⓐⓑⓒⓓ、土台、花心用座金、台座つきクリップを用意する。

2 ダリアを葺く

ダリア用布ⓐⓑⓒⓓをすべて剣つまみにする。土台を12分割し、ひとつめを葺く。

ひとつめと同様に、時計回りに計12のつまみを葺く。これで中心にくる花は完成。
Point 色の配分はお好みで。グラデーションになるように葺く。

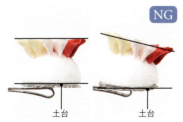

葺き終えた花を横から見て、土台に対して平行に葺けているか確認する。
NG 横から見て、斜めになっていたら乾く前に修正する。

つづいて、中心にくる花のつまみの間に差し込むように、時計回りに計12葺いていく。

12葺いたところ。

さらに外側にもう一周、つまみの間に差し込むように、時計回りに12葺いていく。

一番外側にくる花びらは、さらににもう一周、つまみの間にふたつずつ差し込むように、時計回りに計24葺いていく。

24葺いたところ。

3 花心をつける

花の中心に花心用座金を接着剤（金属用）でつける。これでダリアは完成。

4 シューズクリップに仕上げる

3をクリップの台座に接着剤（金属用）でつけて完成。

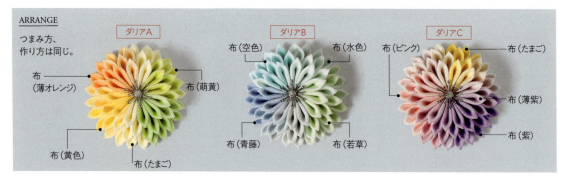

ARRANGE
つまみ方、作り方は同じ。

ダリアA — 布（薄オレンジ）／布（萌黄）／布（黄色）／布（たまご）

ダリアB — 布（空色）／布（水色）／布（青藤）／布（若草）

ダリアC — 布（ピンク）／布（たまご）／布（薄紫）／布（紫）

吹き寄せ、春 p.14　　マーガレット……つまみ部分　直径約1.8cm

使用するつまみ
丸つまみ (p.52)

ピンズ

マーガレット

平土台 (p.45)
タックピン

[材料]
マーガレット1個分
布（キュプラ）
　[a] 1.7cm角（青藤）……7枚
土台
　平土台（直径1cm）……1個
花心
　パールビーズ
　（3mm・ブラウン）……3個

その他
タックピン……1個

[道具]
木工用ボンド、接着剤（金属用）

1 材料を用意する

マーガレット用布[a]、土台、パールビーズ、タックピンを用意する。

2 マーガレットを葺く

マーガレット用布[a]をすべて丸つまみにする。土台を7分割し、ひとつめを葺く。

ひとつめのつまみ
葺く方向

ひとつめと同様に、時計回りにふたつ葺く。
Point まず中心から右側に3つ葺き、反対側に4つ葺くとバランスがよい。

ひとつめのつまみ

さらに時計回りに4つ葺き、計7つ葺く。
Point 葺いたあとに上から見て、花びらの位置や大きさが均一になっているかを確認し、調整する。

3 花心をつける

花の中心にパールビーズを接着剤（金属用）でつける。

これでマーガレットは完成。

4 ピンズに仕上げる

マーガレットをタックピンに接着剤（金属用）でつけて完成。

ARRANGE　つまみ方を丸つまみ二重（p.56）にし、同様に作る。

マーガレットA　布1.7cm角（コーラルピンク）／布1.5cm角（コーラルピンク）
マーガレットB　布（薄ピンク）
マーガレットC　布（くすみピンク）
マーガレットD　布（ピンクブラウン）
マーガレットE　布（くすみ紫）
マーガレットF　布（オリーブグリーン）
マーガレットG　布（さんご）

吹き寄せ、秋 p.15

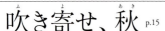

イチョウ──つまみ部分　縦約1.3cm×横約2.5cm
モミジ　──つまみ部分　縦約1.5cm×横約2.5cm

使用するつまみ
端切り[丸つまみ]（p.62）　

ピンズ
イチョウ
平土台（p.45）
タックピン

【材料】

イチョウ1個分
布（正絹羽二重）
　a 2cm角（黄色）……8枚
土台
　平土台（縦1cm×横2cmの扇形）……1個

その他
タックピン……1個
刺しゅう糸（黄色）……適量
地巻きワイヤー（22番）……5cm長さを1本

【道具】
でんぷんのり、木工用ボンド、接着剤（金属用）、ニッパー

1 材料を用意する

イチョウ用布ⓐ、土台、タックピン、刺しゅう糸、地巻きワイヤーを用意する。
Point 扇形の土台の一方は曲線にカットし、イチョウの形にする。

2 イチョウを葺く

イチョウ用布ⓐをすべて丸つまみにし、端切りしたら指でカーブをつける。ひとつめを土台の右端から葺く。
Point 指でカーブをつけ、イチョウの曲線的なラインを出す。

土台の中心まで4つ葺いたところ。
Point つまみの先同士を、中心でぴったりとつける。ずれたらピンセットでその都度整える。

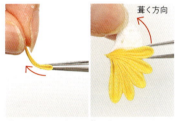

残りの4つは、すでに葺いた4つのつまみとは反対向きにカーブをつけ、中心から左側へと葺いていく。
Point 右カーブと左カーブのつまみを葺くことで、イチョウらしく見える。

8つすべて葺いたところ。

3 茎を仕上げる

地巻きワイヤーの表面に、木工用ボンドをつけ、刺しゅう糸を地巻きワイヤーの先まで巻いていく。

最後まで巻ききったら、先端3〜5mmくらいを折り曲げ、上から刺しゅう糸を巻きつける。余分な糸を切り、木工用ボンドでとめてほつれどめをする。茎の長さが2cmになるように切る。

茎に指でカーブをつけ、イチョウの裏に木工用ボンドでつける。

4 ピンズに仕上げる

イチョウをタックピンに接着剤(金属用)でつけて完成。

ピンズ

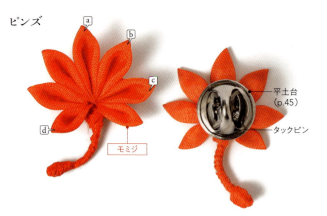

使用するつまみ
端切り [剣つまみ] (p.62)

材料

モミジ1個分
布（正絹羽二重）
　ⓐ 2cm角（柿色）……1枚
　ⓑ 1.8cm角（柿色）……2枚
　ⓒ 1.6cm角（柿色）……2枚
　ⓓ 1.4cm角（柿色）……2枚
土台
　平土台（直径7mm）……1個

その他
タックピン……1個
刺しゅう糸（柿色）……適量
地巻きワイヤー（22番）……3cm長さを1本

道具
木工用ボンド、接着剤（金属用）

1 材料を用意する

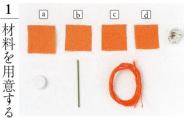

モミジ用布ⓐⓑⓒⓓ、土台、タックピン、刺しゅう糸、地巻きワイヤーを用意する。

2 モミジを葺く

モミジ用布ⓐⓑⓒⓓをすべて剣つまみにし、端切りする。まず布ⓐのつまみを土台の中央に葺く。
Point 茎をつけるため、つまみの先から土台の端まで2mmほどあけておく。

布ⓐのつまみの両隣に布ⓑのつまみを葺く。
Point つまみの先同士を、中心でぴったりとつける。ずれたらピンセットでその都度整える。

布ⓑのつまみの両脇に布ⓒのつまみを葺く。
Point 布ⓒのつまみは布ⓐのつまみに対して直角になるように葺く。

布ⓓのつまみを葺く。

3 茎を仕上げる

イチョウ(p.78)の**3**と同じように茎を作る。ただし、モミジの茎は両端とも折り曲げて長さが2cmになるように作る。

4 ピンズに仕上げる

2で布aのつまみを葺いたときにあけておいたスペースに3を木工用ボンドでつける。これでモミジは完成。

モミジをタックピンに接着剤（金属用）でつけて完成。

ARRANGE　つまみ方、作り方は同じ。

イチョウA　布（若葉）／刺しゅう糸（若葉）

イチョウB　布（萌黄）／刺しゅう糸（萌黄）

イチョウC　布（くすみ黄色）／刺しゅう糸（くすみ黄色）

イチョウD　布（萌黄）・布（くすみ黄色）・布（やまぶき）・布（若葉）・布（黄色）／刺しゅう糸（くすみ黄色）

モミジA　布（赤）／刺しゅう糸（赤）

モミジB　布（柿色）・布（赤）・布（オレンジ）・布（抹茶）・布（あずき）／刺しゅう糸（あずき）

モミジC　布（あずき）／刺しゅう糸（あずき）

モミジD　布（抹茶）／刺しゅう糸（萌黄）

夕涼み p.16

キキョウ大……つまみ部分　直径約3.5cm
キキョウ小……つまみ部分　直径約3cm
ヤエギク……つまみ部分　直径約5cm

使用するつまみ

丸つまみ桔梗 (p.55)

丸つまみ裏返し (p.55)

剣つまみ二重 (p.61)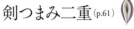

材料

キキョウ大 5個分
布（キュプラ）
　[a] 3cm角(鉄紺)……25枚
土台
　平土台(直径2cm)……5個
花心
　バラペップ(抹茶)……適量

キキョウ小 3個分
布（キュプラ）
　[b] 2.5cm角(鉄紺)……15枚
土台
　平土台(直径2cm)……3個
花心
　バラペップ(抹茶)……適量

ヤエギク 2個分
布（キュプラ）
　[c] 2.5cm角(鉄紺)……24枚
　[d] 2.3cm角(鉄紺)……24枚
　[e] 2cm角(鉄紺)……12枚
　[f] 1.8cm角(鉄紺)……12枚
　[g] 1.5cm角(鉄紺)……12枚
　[h] 1.3cm角(鉄紺)……12枚
土台
　平土台(直径2.5cm)……2個
花心
　トンガリペップ(赤紫)……適量

葉 9個分
布（キュプラ）
　[i] 3cm角(暗緑)……9枚

その他
うちわ……1枚
水引(深緑)……適量

ヤエギク（c,d,e,f,g,h）

キキョウ大（a）

キキョウ小（b）

葉（i）

うちわ

平土台 (p.45)

水引

1 材料を用意する

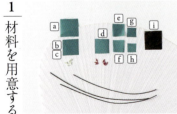

キキョウ大用布[a]、キキョウ小用布[b]、ヤエギク用布[c][d][e][f][g][h]、葉用布[i]、土台、バラペップ、トンガリペップ、うちわ、水引を用意する。

2 キキョウを葺く

キキョウ大用布[a]をすべて丸つまみ桔梗にする。土台を5分割し、ひとつめを葺く。

葺く方向

ひとつめのつまみ

ひとつめと同様に、時計回りに計5つ葺く。

3 花心をつける

ペップの芯を2〜3mmほど残し、木工用ボンドをつけて花の中心に差し込む。

これでキキョウは完成。同様にしてキキョウ大を5個、キキョウ小用布bでキキョウ小を3個葺く。

4 ヤエギクを葺く

ヤエギク用布cd・ef・ghのペアで、すべて剣つまみ二重にする。ghで作ったつまみをひとつ葺き、反対側に次を葺く。

同様に布ghで作ったつまみを計6つ、等間隔に葺く。これで中心にくる花びらは完成。

布efで作ったつまみを、中心にくる花びらのつまみの間に差し込むように、時計回りに計6つ葺く。

外側にもう一周、布cdで作ったつまみを、中心にくる花びらと布efで作ったつまみの間に差し込むように葺いていく。

同様に時計回りに計12葺く。

5 花心をつける

ペップの芯を2〜3mmほど残し、木工用ボンドをつけて花の中心に差し込む。これでヤエギクは完成。

6 うちわに仕上げる

うちわに水引を木工用ボンドでつける。

2、4で作ったキキョウ大、キキョウ小とヤエギクを、バランスを見ながらはりつける。
Point 水引を茎に見立て、そのまわりにキキョウをはる。

葉用布iを丸つまみ裏返しにして葉を9個作り、はりつけて完成。

鶯や p.18　　タマバラ……つまみ部分　直径約8mm

使用するつまみ　丸つまみ (p.52) 　剣つまみ (p.58)

イヤリング

- タマバラ
- シャワー台つきイヤリング金具
- 平土台 (p.45)

材料

タマバラ 6個分
布 (キュプラ)
　a 1.2cm角 (くすみ紫)……42枚
土台
　平土台 (直径5mm)……6個
花心
　パールビーズ (4mm・白)……6個

葉 3個分
布 (キュプラ)
　b 1cm角 (枯れ緑)……3枚

その他
シャワー台つきイヤリング金具
……1組

道具
でんぷんのり、接着剤 (金属用)

1 材料を用意する

タマバラ用布a、葉用布b、土台、パールビーズ、シャワー台つきイヤリング金具を用意する。

2 タマバラを葺く

のり板などの上に土台を置く。タマバラ用布aをすべて丸つまみにし、ひとつめをつまみの先を開いて葺く。
Point 丸つまみの先を左右に広げるイメージで開く。

ひとつめと同様に、ふたつ葺く。
Point 花びらの一方が、隣の花びらの内側にくるように整えながら葺く。

外側に飛び出したつまみの先を、隣のつまみの側面にでんぷんのりでつけていく。一周めはこれで完成。

一周めの内側に、つまみの先を開いた状態で写真のようにふたつ葺く。側面をピンセットでなじませ、形を整える。

さらに内側にもうふたつ、写真のように向かい合わせに葺く。

3 花心をつける

花の中心にパールビーズを接着剤（金属用）でつける。これでタマバラは完成。同様にして計6個のタマバラを作る。

4 イヤリングに仕上げる

イヤリング金具のシャワー台に3を接着剤（金属用）で3個つける。

葉用布bをすべて剣つまみにして葉を作る。タマバラの間に一方にはひとつ、もう一方にはふたつ、差し込むように葺いて完成。
Point 葉の枚数は好みでよい。左右で枚数をかえるのがおすすめ。

ARRANGE　つまみ方、作り方は同じ。

タマバラA　布（水色）

タマバラB　布（たまご）

千歳 p.19　ユリ……つまみ部分　直径約3.5cm

使用するつまみ
丸つまみ裏返し(p.55) 　剣つまみ裏返し(p.59)

かんざし

U型かんざし

※花、葉はワイヤーを曲げて好みの向きに調整する。

[材料]

ユリ2個分
布(正絹羽二重)
[a] 4cm角(浅黄)……12枚
花心
パールペップ(薄紫)……適量

葉1個分
布(正絹羽二重)
[b] 5cm角(深緑)……1枚

その他
U型かんざし……1個
地巻きワイヤー(22番)……9cm長さを13本
フローラルテープ(緑)……適量

[道具]
木工用ボンド、平ヤットコ、ニッパー

1 材料を用意する

ユリ用布[a]、葉用布[b]、パールペップ、U型かんざし、地巻きワイヤー、フローラルテープを用意する。

2 ユリを作る

ユリ用布[a]をすべて剣つまみ裏返しにする。地巻きワイヤーの先に木工用ボンドをつけ、つまみの裏側中央につける。

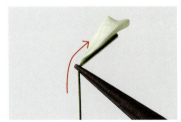

つまみのつけねから斜めに曲げる。これを6本作る。

ユリの形になるように6本束ね、フローラルテープを巻く。

Point フローラルテープは花のつけねから巻く。地巻きワイヤーの最後まで巻かずに、仮固定でOK。

ペップは芯を4〜5mmほど残し、木工用ボンドをつけて花の中心に差し込む。同様にして、ユリを計2本作る。

3／葉を作る

葉用布 b を丸つまみ裏返しにする。地巻きワイヤーの先に木工用ボンドをつけてつまみの裏側に差し込んでつける。

Point つまみの先が上にくるようにつける。ワイヤーを差し込んで先を隠し、仕上がりをきれいに見せる。

4／花と葉を束ねる

ユリがぶつからないように束ね、フローラルテープを巻き、固定する。

さらに葉を束ね、フローラルテープを巻き、固定する。

Point フローラルテープはユリ2本を束ねたときと同じ位置から巻きはじめる。

仕上がりの長さが5cmになるように地巻きワイヤーをニッパーで切る。

5／かんざしに仕上げる

U型かんざしにフローラルテープで固定したら完成。

Point 花が固定されるまで、フローラルテープを巻く。

揚巻 p.20

ヒシギク……つまみ部分 約1.8cm角

使用するつまみ
剣つまみ (p.58)
端切り［剣つまみ二重］(p.62)

[材料]
ヒシギク 3個分
布（正絹羽二重）
　ⓐ 1.5cm角（シャンパンベージュ）……12枚
　ⓑ 1.3cm角（アイボリー）……12枚
　ⓒ 1.3cm角（シャンパンベージュ）……24枚
　ⓓ 1.1cm角（アイボリー）……24枚
土台
　平土台（1cm角の四角形）……3個
花心
　ラインストーン（5mm・クリスタル）……3個

飾り
布（正絹羽二重）
　ⓔ 1.5cm角（シャンパンベージュ）……94枚
　ⓕ 1.5cm角（黒）……24枚
※枚数は目安。バングル金具のすき間がうまる分量を、少し多めに用意するとよい。

その他
バングル金具（黒い布を表面にはったもの）……1個

[道具]
木工用ボンド、接着剤（金属用）

1 材料を用意する

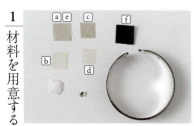

ヒシギク用布ⓐⓑⓒⓓ、飾り用布ⓔⓕ、土台、ラインストーン、バングル金具を用意する。

2 ヒシギクを葺く

ヒシギク用布ⓐⓑのペアをすべて剣つまみ二重にし、端切りする。4つを四角形の土台の対角線上に葺く。
Point 葺いたときに横から見て花びらの高さがふぞろいなら、再度端切りして調節する。

ヒシギク用布ⓒⓓのペアをすべて剣つまみ二重にし、端切りする。先に葺いた4つのつまみの間にふたつずつ、時計回りに計8つ葺く。

3 花心をつける

花の中心にラインストーンを接着剤（金属用）でつける。

これでヒシギクは完成。同様にしてヒシギクを計3個作る。

4 バングルに仕上げる

3個のヒシギクを、バングルの正面から見える位置に等間隔でそろえる。
Point 花の位置をそろえる。

飾り用布cfをすべて剣つまみにする。中央と右の花の間に、布cのつまみを上に4つ、下に3つ、計7つ葺いてうめる。

同様にして中央と左の花の間もうめる。

バングルの側面にも布cのつまみを葺いていく。1列に3～4つずつ葺いて、スペースをうめる。
Point 飾りのつまみを葺く向きは、花に対して垂直にする。

すべて葺いたところ。バングルの両端は1.5cmほどスペースを残す。

布fのつまみでバングルの両端をうめる。
Point 布cのつまみと同様、1列に3～4つずつ葺く。

布fのつまみは片側12ずつ、計24葺いて完成。
Point 布fのつまみの個数は目安。すき間がうまるように調整する。

鷺娘 p.22

ツバキ……つまみ部分　直径約2.5cm
セイヨウバラ……つまみ部分　直径約3.5cm

使用するつまみ

丸つまみ梅(p.53) 　　剣つまみ(p.58)

剣つまみ裏返し(p.59) 　　合わせつまみ(p.63)

ポニーカフ

【材料】

セイヨウバラ 1個分
布(コットン)
ⓐ 3cm角(空色)……8枚
ⓑ 3cm角(グレー)……4枚
ⓒ 2cm角(空色)……9枚
土台
　平土台(直径2cm)……1個
花心
　素玉ペップ(水色、薄青)……適量

ツバキ 1個分
布(コットン)
ⓓ 2.5cm角(空色)……6枚
ⓔ 2cm角(空色)……9枚
土台
　平土台(直径1.5cm)……1個
花心
　素玉ペップ(水色、薄青)……適量

飾り(側面)
布(コットン)
ⓕ 4cm角(青)……10枚
ⓖ 3cm角(空色)……7枚
ⓗ 2cm角(薄グレー)……8枚
※枚数は目安。ポニーカフ金具のすき間がうまる分量を、少し多めに用意するとよい。

飾り(扇) 2個分
ⓘ 1.2cm角(空色、グレー)……70枚
※色の配分はお好みで。枚数は目安。土台がうまる分量を、少し多めに用意するとよい。
土台
　平土台(直径3.5cmの半円形)……2個

その他
パールビーズ(3mm・白)……22個
地巻きワイヤー(22番)……6cm長さを2本
ポニーカフ金具……1個

【道具】
木工用ボンド、接着剤(金属用)

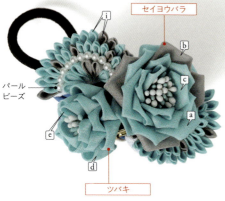

セイヨウバラ　ツバキ　パールビーズ

ポニーカフ金具　平土台(p.45)　平土台(p.45)

1 材料を用意する

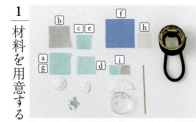

セイヨウバラ用布ⓐⓑⓒ、ツバキ用布ⓓⓔ、飾り(側面)用布ⓕⓖⓗ、飾り(扇)用布ⓘ、土台、素玉ペップ、パールビーズ、地巻きワイヤー、ポニーカフ金具を用意する。

2 ツバキを葺く

ツバキ用布ⓓをすべて丸つまみ梅にする。土台を6分割し、ひとつめを葺く。反対側に次を葺く。

同様に、残り4つも対角線上に葺く。1段めの花びらはこれで完成。

ツバキ用布cをすべて丸つまみ梅にする。2段めは1段めのつまみの間の上に、ひとつめを葺く。
Point 2段めのつまみを重ねるとき、1段めを木工用ボンドで汚さないように注意。

計6つ、対角線上に葺く。

布cのつまみのうち、残りの3つはうしろを指で開く。

3段めはうしろを指で開いたつまみを、2段めのふたつのつまみの間の上に葺く。

3 花心をつける

ペップは芯を2〜3mmほど残し、木工用ボンドをつけて花の中心に差し込む。これでツバキは完成。

4 セイヨウバラを葺く

セイヨウバラ用布abをすべて合わせつまみにする。土台を3等分し、布aのつまみを三角形に葺く。1段めの花びらはこれで完成。

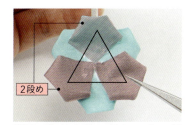

2段めの花びらを葺く。1段めのつまみの間の上に、布abのつまみを三角形に3つ葺く。
Point 配色をみながら、つまみの先を土台の中心に合わせてランダムに葺いていく。

3段めの花びらを葺く。1段めと2段めの間の上に、布bのつまみをひとつ葺く。
Point つまみ同士が少しずつずれていればOK。

同様に、布aのつまみをふたつ、3つのつまみが三角形になるように葺く。

4段めの花びらを葺く。2段めの花びらと同様に、布ⓐⓑのつまみを3段めのつまみの間の上に、三角形になるように3つ葺く。

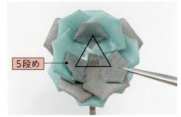

5段めの花びらを葺く。布ⓒをすべて合わせつまみにする。4段めのつまみの間の上に、三角形になるように3つ葺く。
Point 布のサイズが小さくなるので、3つのつまみの先は中心に合わせなくてOK。

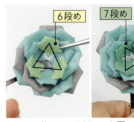

5段めの花びらと同様に、布ⓒのつまみを6段め、7段めと3つずつ葺く。

5 花心をつける

3のツバキの花心のつけ方と同様に、花の中心に素玉ペップをつける。これでセイヨウバラは完成。

6 飾り（扇）を作る

半円形の平土台の裏に、地巻きワイヤーを木工用ボンドでつける。飾り（扇）用布ⓘ29枚をすべて剣つまみにし、土台の端に2列葺く。
Point 色は空色をメインに、グレーを差し色として混ぜるとよい。

布ⓘ6枚をすべて丸つまみにし、中心をうめるように扇形に葺く。パールビーズを並べて接着剤（金属用）でつける。これで飾り（扇）は完成。計2個作る。

7 ポニーカフに仕上げる

飾り（扇）をポニーカフ金具に木工用ボンドでつける。ワイヤーを隠すように、ツバキとセイヨウバラをつける。
Point 中心を決めてからつける。ポニーカフ金具の開閉部分をさけること。

飾り（側面）用布ⓕⓖをすべて剣つまみ裏返しにし、ポニーカフ金具の側面をうめるように、1列に2〜3つずつ葺いていく。
Point 飾り（側面）のつまみは、花に対して垂直になるように葺く。

飾り（側面）用布ⓗをすべて剣つまみ裏返しにし、側面のすき間に葺いていく。すき間がうまったら完成。

八千代 p.27

ヒマワリ──つまみ部分　直径約2.5cm

使用するつまみ
丸つまみ (p.52)

端切り [剣つまみ裏返し] (p.62)

ブックマーカー
リボン

a 傘土台(p.46)
c
ヒマワリ
b

材料

ヒマワリ 1個分
布(キュプラ)
a 2cm角(たまご)……12枚
土台
　傘土台(直径1.5cm)……1個
花心
　素玉ペップ(茶)……適量

葉小 1個分
布(正絹羽二重)
b 3cm角(緑)……1枚

葉大 1個分
布(正絹羽二重)
c 3.5cm角(緑)……1枚

その他
リボン(深緑)──60cm長さを1本

道具
木工用ボンド

1 材料を用意する

ヒマワリ用布a、葉小用布b、葉大用布c、土台、素玉ペップ、リボンを用意する。

2 ヒマワリを葺く

ひとつめのつまみ
葺く方向

ヒマワリ用布aをすべて丸つまみにする。土台を12分割し、ひとつめを葺く。同様に、時計回りに計12葺く。

3 花心をつける

ペップは芯を切り、頭だけ残して花の中心に木工用ボンドでつける。これでヒマワリは完成。
Point ペップは積み上げて高さを出し、花心がぷっくりするように仕上げる。

4 ブックマーカーに仕上げる

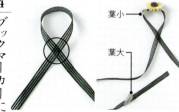

葉小
葉大

葉小用布b、葉大用布cをすべて剣つまみ裏返しにし、端切りする。リボンをクロスさせ、木工用ボンドでとめる。輪の部分に花と葉小をつけ、葉大をリボンの下部につけて完成。

ARRANGE

つまみ方、作り方は同じ。

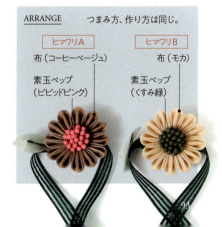

ヒマワリA
布(コーヒーベージュ)
素玉ペップ(ビビッドピンク)

ヒマワリB
布(モカ)
素玉ペップ(くすみ緑)

京鹿子 p.24

ウメ──つまみ部分　直径約1cm
さがり──つまみ部分　縦約8mm×横約7mm

使用するつまみ
丸つまみ(p.52) 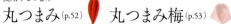 丸つまみ梅(p.53)

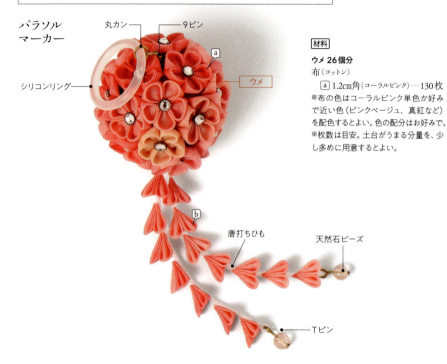

パラソルマーカー
丸カン
9ピン
シリコンリング
ウメ
唐打ちひも
天然石ビーズ
Tピン

材料

ウメ 26個分
布（コットン）
ⓐ 1.2cm角（コーラルピンク）……130枚
※布の色はコーラルピンク単色か好みで近い色（ピンクベージュ、真紅など）を配色するとよい。色の配合はお好みで。
※枚数は目安。土台がうまる分量を、少し多めに用意するとよい。

土台
全球土台（直径2.5cm）……1個
平土台（直径6mm）……26個
花心
ラインストーン（3mm・クリア）……26個

さがり 2本分
布（コットン）
ⓑ 1.2cm角（コーラルピンク）……28枚

その他
天然石ビーズ（4mm・薄ピンク）……2個
唐打ちひも（白）……8cm長さを2本
シリコンリング……1個
9ピン……1本
Tピン……2本
丸カン……4個

道具
木工用ボンド、接着剤（金属用）、丸ヤットコ、平ヤットコ

1 材料を用意する

ウメ用布ⓐ、さがり用布ⓑ、土台、ラインストーン、天然石ビーズ、唐打ちひも、シリコンリング、9ピン、Tピン、丸カンを用意する。

2 土台に金具をつける

全球土台の真ん中に、つまようじで穴をあける。

あけた穴に9ピンを通し、7mm残してカットし、先を丸める。

3 ウメを葺く

ウメ用布aをすべて丸つまみ梅にする。土台を5分割し、ひとつめを葺く。
Point 色のバランスは好みでOK。

ひとつめと同様に、時計回りに計5つ葺く。

4 花心をつける

花の中心にラインストーンを接着剤（金属用）でつける。ウメはこれで完成。同様にして計26個のウメを作る。

5 土台にウメをつける

全球土台の9ピンのまわりに、ウメを3個つける。
Point 最後にすき間ができないようにまずは上部の9ピンのまわりからつける。

さらに外側に3個つける。

同様にして、全球土台にすき間なくウメをつける。

6 さがりを作る

さがり用布bをすべて丸つまみにし、唐打ちひもに葺く。ビーズにTピンを通して先端を丸めたら、唐打ちひもの端を通し、木工用ボンドでとめる。これを2本作る（P.114「さがり」参照）。

7 パラソルマーカーに仕上げる

2本を丸カンに通し、木工用ボンドでとめる。

全球土台の9ピンとさがりを丸カンでつなぐ。

上部の9ピンとシリコンリングを、丸カン2個でつないで完成。

ARRANGE

つまみ方、作り方は同じ。

ウメA
布（薄紫）
布（オリーブグリーン）
※色の配色はお好みで。

さがり
布（薄紫）
布（オリーブグリーン）

天然石ビーズ（紫）

野分（のわき） p.26

イヤリング

ヒナギク──つまみ部分　直径約1.5cm

ヒナギク
丸カン
平土台 (p.45)
皿つき イヤリング金具
タッセル

使用するつまみ

剣つまみ (p.58)

材料

ヒナギク 2個分
布（キュプラ）
[a] 1cm角（マスタード）……24枚
土台
平土台（直径8mm）……2個
花心
ラインストーン（3mm・クリア）……2個

その他
皿つきイヤリング金具……1組
タッセル（マスタード）……3cm長さを2個
丸カン……2個

道具

木工用ボンド、接着剤（金属用）

1　材料を用意する

ヒナギク用布[a]、土台、ラインストーン、皿つきイヤリング金具、タッセル、丸カンを用意する。

2　ヒナギクを葺く

ヒナギク用布[a]をすべて剣つまみにする。土台を12分割し、ひとつめを葺く。

葺く方向

ひとつめのつまみ

ひとつめと同様に、時計回りに計12葺く。

3 花心をつける

花の中心にラインストーンを接着剤(金属用)でつける。これでヒナギクは完成。

4 イヤリングに仕上げる

3をイヤリング金具の皿に接着剤(金属用)でつける。

イヤリング金具とタッセルを丸カンでつないで完成。

ARRANGE　つまみ方、作り方は同じ。

- ヒナギクA：布(黒)／タッセル(黒)
- ヒナギクB：布(ネイビー)／タッセル(ネイビー)
- ヒナギクC：布(深緑)／タッセル(深緑)
- ヒナギクD：布(こげ茶)／タッセル(こげ茶)
- ヒナギクE：布(えんじ)／タッセル(えんじ)

清姫 (きよひめ) p.23

スイセン……つまみ部分　直径約1cm

使用するつまみ
丸つまみ梅 (p.53)
丸つまみ桔梗 (きょう) (p.55)

ブローチ

スイセン
平土台 (p.45)
リングブローチ金具

【材料】

スイセン 8個分
布(キュプラ)
　ⓐ 1cm角(白)……48枚
　ⓑ 7mm角(たまご)……48枚
土台
　平土台(直径8mm)……8個
花心
　パールビーズ(2mm・白)……8個

葉 10個分
布(キュプラ)
　ⓒ 1cm角(オリーブグリーン)……10枚

その他
リングブローチ金具……1個

【道具】
木工用ボンド、接着剤(金属用)

1 材料を用意する

スイセン用布ⓐⓑと、葉用布ⓒ、パールビーズ、リングブローチ金具を用意する。

2 スイセンを葺く

スイセン用布ⓐをすべて丸つまみ桔梗にする。土台を6分割し、ひとつめを葺く。反対側にふたつめを葺く。

同様にふたつ、対角線上に葺く。

残りのふたつも同様に、対角線上に葺く。1段めの花びらはこれで完成。

2段めの花びらを葺く。スイセン用布 b をすべて丸つまみ梅にする。1段目のつまみの間の上に、ひとつめを葺く。
Point 2段めも偶数なので、1段めと同様に対角線上にふたつずつ葺いていくとよい(p.64)。

対角線上に、次を葺く。
Point 1段めを木工用ボンドで汚さないようにボンドの分量は少なめに。

1段目と同様に、ふたつを対角線上に葺く。

残りのふたつも同様に、対角線上に葺く。2段めの花びらはこれで完成。

3 花心をつける

花の中心にパールビーズを接着剤(金属用)でつける。スイセンはこれで完成。同様にして計8個のスイセンを作る。

4 ブローチに仕上げる

3をリングブローチ金具に接着剤(金属用)でつける。

葉用布 c をすべて剣つまみにする。接着剤(金属用)で花と花の間に差し込むようにつけて完成。

99

羽衣 (はごろも) p.28

ブルースター	つまみ部分 直径約3.5cm	さがり	つまみ部分 縦約1.7cm×横約1.5cm
トルコキキョウ	つまみ部分 直径約5cm	小花A	つまみ部分 直径約2cm

使用するつまみ

丸つまみ (p.52) 　丸つまみ梅 (p.53) 　丸つまみ裏返し (p.55) 　合わせつまみ (p.63)

リース

- リース土台
- ブルースター d
- 小花A e
- トルコキキョウ a b c
- 唐打ちひも
- さがり f
- Tピン
- パールビーズ

【材料】

トルコキキョウ 3個分
布(正絹羽二重)
　a 5cm角(白)……18枚
　b 5cm角(若草)……36枚
　c 4cm角(萌黄)……3枚
土台
　足つき平土台(直径2.5cm)……3個

ブルースター 4個分
布(正絹羽二重)
　d 2.5cm角(水色)……20枚
土台
　足つき平土台(直径2cm)……4個
花心
　ガラスペップ(水色)……4個

小花A 3個分
布(正絹羽二重)
　e 3cm角(白)……9枚
花心
　素玉ペップ(紫)……適量

さがり 3本分
布(正絹羽二重)
　f 2.5cm角(白)……48枚

その他
唐打ちひも(白)……20cm長さを3本
パールビーズ(5mm・白)……3個
Tピン……3個
フローラルテープ(茶)…適量
リース(直径15cm)……1個

【道具】
木工用ボンド、接着剤(金属用　またはグルーガン、グルースティック)

[作り方]

1. トルコキキョウを葺く
トルコキキョウ用布[a][b][c]をすべて合わせつまみにし、土台に葺いていく(以下の「トルコキキョウの葺き方」参照)。計3個のトルコキキョウを作る。

2. ブルースターを葺く
ブルースター用布[d]をすべて丸つまみ梅にする。ウメ(p.94)と同様に葺き、計4個のブルースターを作る。

3. 小花A、さがりを葺く
小花A用布[e]をすべて丸つまみ裏返しにし、小花Aを計3個作る(p.116「小花A」参照)。さがり用布[f]をすべて丸つまみにし、さがり(p.114)を計3本作る。

4. リースに仕上げる
トルコキキョウ、ブルースター、小花A、さがりをリースにつけて完成(p.102「リースの仕上げ方」参照)。

トルコキキョウの葺き方

トルコキキョウの葺き方はセイヨウバラ(p.90)と同じ。つまみ3つずつが三角形になるように葺いていきます。葺いていく途中で花びら同士を接着し、花びらに高さを出します。

1 材料を用意する

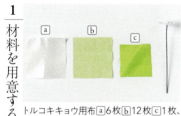

トルコキキョウ用布[a]6枚[b]12枚[c]1枚、土台を用意する。

2 トルコキキョウを葺く

トルコキキョウ用布[a]をすべて合わせつまみにする。土台を3等分し、3つを三角形に葺く。
Point つまみの先を土台の中心に合わせる。

2段めの花びらを葺く。1段めのつまみの間の上に、次の3つを三角形に葺く。

3段めの花びらを葺く。トルコキキョウ用布[b]をすべて合わせつまみにし、1段めと2段めのつまみの間の上に、3つを三角形に葺く。

1段めのつまみの端に木工用ボンドをつけ、2段めのつまみに接着する。
Point 外側のつまみ同士を接着することで、花びらが上に立ち上がる。

1段めと2段めのつまみをすべて接着したところ。

4段めの花びらを葺く。3段めのつまみの間の上に3つを三角形に葺く。

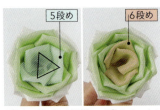

5段めの花びらも同様に、4段めのつまみの間の上に3つを三角形に葺く。6段めの花びらも同様に、5段めのつまみの間の上に3つを葺く。

7段めの花びらを葺く。トルコキキョウ用布cを合わせつまみにする。花の中心に木工用ボンドをつけたら、つまみをひとつ差し込み、ピンセットでくるりと丸めて葺く。

形を整えて完成。

リースの仕上げ方

トルコキキョウ、ブルースターの花はリース土台に足を巻きつけていきます。小花Aは接着剤（金属用）やグルーで固定しましょう。

1 花をつける

リースに、トルコキキョウ（p.101）の花の足を巻きつける。

左右にブルースターがくるように、花の足を巻きつける。

小花Aの枝の下に接着剤（金属用）やグルーをつけ、リースのすき間に差し込む。

2 さがりをつける

さがりの唐打ちひもの上部をリースのうしろに巻きつけ、接着剤やグルーをつけてとめる。3本つけて完成。

花文箱 p.31

マーガレット……つまみ部分　直径約3.5cm	ヒナギク……つまみ部分　直径約4cm	小花A……つまみ部分　直径約2cm
ヤエギク……つまみ部分　直径約5cm	つぼみ……つまみ部分　直径約1cm	小花B……つまみ部分　直径約2cm
ツバキ……つまみ部分　直径約2cm		

使用するつまみ

丸つまみ(p.52)　　丸つまみ梅(p.53)

丸つまみ裏返し(p.55)　　剣つまみ(p.58)

剣つまみ裏返し(p.59)

剣つまみ二重(p.61)

フラワーボックス

[材料]

マーガレット 6個分
布(キュプラ)
　[a] 2cm角(くすみ水色)……72枚
土台
　足つき平土台(直径1.5cm)……6個
花心
　ガラスペップ(水色)……18個

ヤエギク 2個分
布(キュプラ)
　[b] 2.5cm角(鉄紺)……24枚
　[c] 2.3cm角(鉄紺)……24枚
　[d] 2cm角(鉄紺)……12枚
　[e] 1.8cm角(鉄紺)……12枚
　[f] 1.5cm角(鉄紺)……12枚
　[g] 1.3cm角(鉄紺)……12枚
土台
　足つき平土台(直径2.5cm)……2個
花心
　パールペップ(薄紫)……6個

ヒナギク 7個分
布(キュプラ)
　[h] 2cm角(黄色)……84枚
土台
　足つき平土台(直径1.5cm)……7個
花心
　パールペップ(白)……49個

ツバキ 2個分
布(正絹羽二重)
　[i] 2cm角(柿色)……12枚
　[j] 1.5cm角(柿色)……18枚
土台
　足つき平土台(直径1.5cm)……2個
花心
　バラペップ(黄色)……適量

つぼみ 7個分
布(正絹羽二重)
　[k] 3cm角(藍色)……21枚

小花A 3個分
布(正絹羽二重)
　[l] 3cm角(青藤)……9枚
花心
　パールペップ(白)……3個

小花B 3個分
布(正絹羽二重)
　[m] 1.5cm角(柿色)……12枚
土台
　足つき平土台(直径1.5cm)……3個
花心
　素玉ペップ(ベージュ)……12個

小花B 5個分
布(正絹羽二重)
　[n] 1.5cm角(枯れ緑)……20枚

土台
　足つき平土台(直径1.5cm)……5個
花心
　素玉ペップ(枯れ緑)……20個

その他
フローラルテープ(茶)……適量
地巻きワイヤー(22番)……3cm
　長さを7本
脱脂綿……適量
桐箱(14×14cm)……1個
モス……適量

[道具]
木工用ボンド

[作り方]

1. 8種類の花を葺く
葺き方は、マーガレット(p.77)、ヤエギク(p.82)、ツバキ(p.90)、ヒナギク(p.96)、つぼみ(p.115)、小花A(p.116)、小花B(p.117)を参照。各花の足はニッパーで短く切る。

2. フラワーボックスに仕上げる
桐箱にモスを敷き詰める。色のバランスを見ながら、花を差す。

うららか p.34

セイヨウバラ……つまみ部分 直径約6cm

使用するつまみ

合わせつまみ (p.63)

ボールブーケ

- リボン
- 平土台 (p.45)
- セイヨウバラ ⓐ ⓑ
- 全球土台 (p.48)
- タッセル

材料

セイヨウバラ 27個分

布(正絹羽二重)
 ⓐ 6cm角(白、ペールブルー、パウダーブルー)
  ……405枚
 ⓑ 4cm角(白、ペールブルー、パウダーブルー)
  ……162枚
※色の配分はお好みで。個数は目安。土台がうまる分量を、少し多めに用意するとよい。

土台
平土台(直径3cm)……27個

花心
パールビーズ(4mm・白)……適量

その他
全球土台(直径12.5cm)……1個
地巻きワイヤー(22番)……18cm長さを1本
タッセル(シルバー×水色)……10cm長さを2個
リボン(白)……60cm長さを1本

道具

木工用ボンド、竹串、平ヤットコ

作り方

1. **セイヨウバラを葺く**
セイヨウバラ(p.90)を参照し、同様にして計27個作る。

2. **ボールブーケに仕上げる**
全球土台にワイヤーを通し、セイヨウバラをはりつける。リボン、タッセルをつけて完成(p.105「ボールブーケの仕上げ方」参照)。

ボールブーケの仕上げ方

花は、京鹿子(きょうがのこ)(p.94)と同様に、すき間ができないようにワイヤーのまわりからつけていきます。

1 ワイヤーを通す

全球土台の真ん中に、竹串などで穴をあける。あけた穴に、地巻きワイヤーを通し、両端を丸める。

2 セイヨウバラをつける

丸めた地巻きワイヤーの上部を囲むように、セイヨウバラを木工用ボンドでつける。

水色と白のバランスを見ながらつけていく。

全球土台の全体につけたところ。
Point 花びらは少し重なるくらいつめてはるとよい。

3 タッセルをつける

丸めた地巻きワイヤーの下部に、タッセルを通して結ぶ。

4 リボンをつける

丸めた地巻きワイヤーの上部にリボンを通し、結んだら完成。

ARRANGE
フォトフレーム

ボールブーケの花を転用して、セイヨウバラを10個用意し、フォトフレームにはりつける。

小町（こまち） p.30

タマバラ……つまみ部分 直径2cm	オウバイ……つまみ部分 直径2.5cm
セイヨウバラ……つまみ部分 直径4cm	小花A……つまみ部分 直径1.5cm
ウメ……つまみ部分 直径2cm	

使用するつまみ

丸つまみ(p.52) 　丸つまみ梅(p.53)　丸つまみ桔梗(きょう)(p.55)

剣つまみ裏返し(p.59)　合わせつまみ(p.63)

バレッタ

平土台(p.45)
バレッタ土台
バレッタ金具

[材料]

タマバラ 2個分
布（キュプラ）
　[a] 3cm角（紺）……14枚
土台
　平土台（直径2cm）……2個
花心
　パールペップ（薄青）……適量

セイヨウバラ（花心あり）1個分
布（キュプラ）
　[b] 3cm角（紺）……12枚
土台
　平土台（直径2cm）……1個
花心
　パールペップ（薄青）……適量

セイヨウバラ（花心なし）1個分
布（キュプラ）
　[c] 3cm角（紺）……12枚
土台
　平土台（直径2cm）……1個

ウメ 1個分
布（キュプラ）
　[d] 2cm角（紺）……5枚
土台
　平土台（直径1.5cm）……1個
花心
　パールペップ（薄青）……5個

オウバイ 2個分
布（キュプラ）
　[e] 2cm角（紺）……12枚
土台
　平土台（直径1.5cm）……2個
花心
　パールペップ（薄青）……14個

小花A 3個分
布（キュプラ）
　[f] 5cm角（紺）……9枚
花心
　パールペップ（薄青）……3個

その他
リボン（紺）……8cm長さを2本
バレッタ土台＝厚紙（2.5×6cm）を布でくるんだものを1個
バレッタ金具……1個

[道具]
木工用ボンド、接着剤（金属用）

[作り方]

1. 5種類の花を葺く
葺き方は、タマバラ(p.84)、セイヨウバラ(p.90)、ウメ(p.94)、オウバイ(p.107)、小花A(p.116)を参照。セイヨウバラは約1/3ほど土台を残して葺き、花心のあるものとないものを1個ずつ作る（上の拡大写真参照）。

2. バレッタに仕上げる
バレッタ土台をバレッタ金具に接着剤（金属用）でつける。バレッタ土台に花を木工用ボンドでつけ、乾いたら完成（p.107「バレッタの仕上げ方」参照）。

オウバイの葺き方

花びらが偶数枚のオウバイは、土台を6分割したら対角線上に葺いていきます。

1 オウバイを葺く

オウバイ用布 c 6枚を丸つまみ桔梗にする。土台を6分割し、ひとつめを葺く。反対側に次を葺く。

同様に、3つめと4つめ、5つめと6つめがそれぞれ対角線上にくるように葺く。

2 花心をつける

ペップの芯を2〜3mmほど残し、木工用ボンドをつけて花の中心に差し込む。

バレッタの仕上げ方

バレッタ土台にリボンをつけたら、バランスをみて花を配置していきます。

1 セイヨウバラ(花心なし)、オウバイをつける

リボンを輪にし、土台の端に木工用ボンドでつける。セイヨウバラ(花心なし)とオウバイをリボンの先に重ねてつける。

2 ウメをつける

2のセイヨウバラの上に梅をつける。

3 タマバラをつける

土台の中心に2個、縦につける。

4 セイヨウバラ(花心あり)をつける

土台のもう一方の端に少しはみ出るようにセイヨウバラ(花心あり)をつける。

5 オウバイをつける

4のセイヨウバラ(花心あり)の右上に1個つける。

6 小花Aをつける

すき間にランダムに差し込む。

傾城 p.32

ダリア……つまみ部分　直径約4.5cm
マーガレット……つまみ部分　直径約1.5cm
スイセン……つまみ部分　直径約1.5cm

使用するつまみ
丸つまみ(p.52)　丸つまみ梅(p.53)　丸つまみ桔梗(p.55)　剣つまみ(p.58)

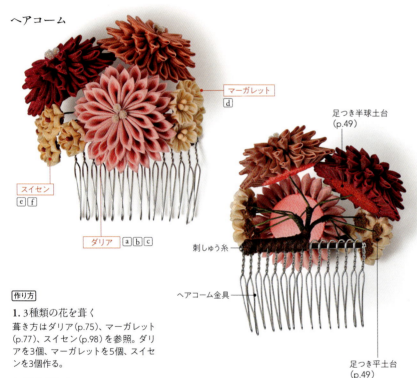

ヘアコーム

マーガレット d
スイセン e f
ダリア a b c
足つき半球土台 (p.49)
刺しゅう糸
ヘアコーム金具
足つき平土台 (p.49)

【材料】

ダリア 3個分
布(正絹羽二重)
　[a] 2cm角(ぼたん)……180枚
　[b] 2cm角(ピンクブラウン)……180枚
　[c] 2cm角(くすみピンク)……180枚
土台
　足つき半球土台(直径2.5cm)……3個
花心
　ガラスペップ(ベージュ)……9個

マーガレット 5個分
布(キュプラ)
　[d] 1.2cm角(コーヒーベージュ)……35枚
土台
　足つき平土台(直径8mm)……5個
花心
　素玉ペップ(ベージュ)……15個

スイセン 4個分
布(キュプラ)
　[e] 1.3cm角(コーヒーベージュ)……24枚
　[f] 1cm角(コーヒーベージュ)……24枚
土台
　足つき平土台(直径8mm)……4個
花心
　素玉ペップ(紫)……4個

その他
ヘアコーム金具……1個
フローラルテープ(緑)……適量
刺しゅう糸(こげ茶)……適量

【道具】
木工用ボンド、接着剤(金属用)

【作り方】

1. 3種類の花を葺く
葺き方はダリア(p.75)、マーガレット(p.77)、スイセン(p.98)を参照。ダリアを3個、マーガレットを5個、スイセンを3個作る。

2. 花を束ねる
花をフローラルテープで束ねる(p.109「花の束ね方」参照)。

3. ヘアコームに仕上げる
2をフローラルテープ、刺しゅう糸でヘアコーム金具に組み上げる(p.111「組み上げ方」参照)。

花の束ね方

まず同じ花同士、同じ位置で足を折り曲げて束ねたら、全部まとめて束ねます。束ねるときはフローラルテープを使います。

1 ダリアの足を曲げる

ダリアの足を、花のつけねから1.5cmのところで曲げる。

計3本すべて曲げたところ。

2 ダリアを束ねる

曲げたところで3本の足を合わせて、フローラルテープを巻く。

Point フローラルテープが厚くならないように、この段階では7〜8cmくらいまで巻く。

上から見てバランスを整える。

3 マーガレットの足を曲げる

マーガレットの足を、花のつけねから1.5cmのところを曲げる。

計5本すべて曲げたところ。

4 マーガレットを束ねる

曲げたところで5本の足を合わせて、フローラルテープを巻く。

上から見てバランスを整える。

5 スイセンの足を曲げる

スイセンの足を、花のつけねから1.5cmのところで曲げる。

計4本すべて曲げたところ。

6 スイセンを束ねる

曲げたところで4本の足を合わせ、フローラルテープを巻く。

上から見てバランスを整える。

7 すべての花を束ねる

ダリアとスイセンの束を合わせ、花の角度を調整する。

根元より少し下の部分に、フローラルテープを7〜8cmくらいまで巻く。
Point この段階では、まだ仮固定。

上から見たところ。

マーガレットの束を加えて束ね、フローラルテープを足の端まで巻く。
Point 丸みが出るように花の位置を調整する。

上から見たところ。

8 足を曲げる

3種類の花の束を合わせたところを、ニッパーで曲げる。

組み上げ方

束ねた花をヘアコームにフローラルテープで固定します。
仕上げに刺しゅう糸を巻いて、見た目を整えましょう。

1 仮固定する

ヘアコームの中心に足の折り曲げたところを合わせ、はみ出た分を切る。

足に接着剤(金属用)をつけ、固定する。

2 組み上げる

端まで巻いていく。

巻き終えたところ。

ヘアコームと足を一緒にフローラルテープで巻いて固定する。

束を折り曲げたところから、刺しゅう糸を巻いていく。

Point 刺しゅう糸の色は、コームをつける人の髪色になじむ色を選ぶとよい。

フローラルテープが見えないように、刺しゅう糸を最後まできっちりと巻いていく。

刺しゅう糸の巻きはじめと、巻き終わりを切る。切った部分に木工用ボンドをつけてとめたら完成。

胡蝶 p.33

ユリ──つまみ部分 直径約3cm
小花A──つまみ部分 直径約2cm

コサージュ

使用するつまみ
丸つまみ裏返し(p.55)
剣つまみ裏返し(p.59)

[材料]

ユリ 3個分
布(正絹羽二重)
　[a] 4cm角(たまご)──18枚
花心
　バラペップ(茶)──適量

小花A 3個分
布(正絹羽二重)
　[b] 2.5cm角(薄オレンジ)──9枚
花心
　ガラスペップ(クリーム)──3個

その他
地巻きワイヤー(22番)──9cm長さを18本
地巻きワイヤー(22番)──11cm長さを3本
フローラルテープ(緑、茶)──適量
ブローチピン金具──1個
リボン(アイボリー)──25cm、50cm長さを各1本

[道具]
木工用ボンド、接着剤(金属用)

[作り方]

1. 2種類の花を葺く
葺き方はユリ(p.86)、小花A(p.116)を参照。地巻きワイヤー(9cm)をユリの足に、地巻きワイヤー(11cm)を小花Aの足に使い、ユリと小花Aをそれぞれ計3個ずつ作る。

2. 花を束ねる
2種類の花の足をそれぞれ曲げ、フローラルテープ(緑)を巻いて束ねる(p.113「花の束ね方」参照)。

3. コサージュに仕上げる
2にリボンを巻き、ブローチピン金具をつけて完成(p.113「コサージュの仕上げ方」参照)。

花の束ね方

ユリの花の束から小花Aがのぞくように、バランスを見てフローラルテープで束ねます。

1 ユリの足を曲げる

ユリの足を、花のつけねから2cmのところで曲げる。

2 小花Aの足を曲げる

小花Aの足を、花のつけねから3cmのところで曲げる。

3 花を束ねる

1の間から2がのぞくように束ね、足を合わせたところからフローラルテープを端まで巻く。

コサージュの仕上げ方

束ねた足にリボンを巻いて、ブローチピン金具をつけて仕上げます。

1 リボンを巻く

束ねた足にリボン（25cm）を巻く。
Point 巻きはじめを5cm、巻き終わりを長めに残す。

2 金具をつける

裏返し、リボンを巻いた足の中央に接着剤（金属用）でブローチピン金具をつける。巻き終わりの端をブローチピン金具の間に通す。

3 リボンをつける

巻きはじめの端と巻き終わりの端を結ぶ。

表に返し、リボンの巻きはじめ部分にリボン（50cm）をひと巻きし、前面で結んで完成。

ARRANGE

つまみ方、作り方は同じ。

ユリ　布（くすみ紫）
小花A　布（フューシャピンク）
パールペップ（紺）
リボン（紺）

Special column 1

飾りモチーフの作り方

「さがり」と呼ばれるつまみ細工特有の飾りをはじめ、つぼみや小花など飾りモチーフの作り方をまとめました。主役の花に、彩りをプラスしてくれます。

さがり p.94 p.100　さがり‥‥つまみ部分　縦約1.7cm×横約1.5cm　　使用するつまみ 丸つまみ(p.52)

[材料]
さがり1本分
布(正絹羽二重)
　ⓐ 2.5cm角(白)‥‥16枚

その他
唐打ちひも(白)‥‥20cm長さを1本
パールビーズ(5mm・白)‥‥1個
Tピン‥‥1個

[道具]
木工用ボンド

唐打ちひも
ⓐ
パールビーズ
Tピン

1 ひもを固定する

唐打ちひもの両端をマスキングテープで固定する。

2 さがりを作る

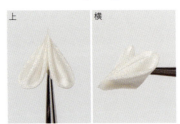

ふたつをはり合わせたところ。

さがり用布ⓐをすべて丸つまみにし、裁ち目に木工用ボンドをつけ、ふたつをはり合わせる。

3 さがりを葺く

唐打ちひもの端から10cmのところにはり合わせたつまみを垂直に葺く。

114

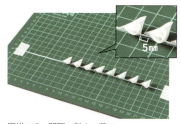

同様に5mm間隔で計8つ葺く。

4 チャームをつける

ビーズにTピンを通して先端を丸めたら、唐打ちひもの端を通し、木工用ボンドでとめて完成。

[Point] パールビーズが揺れるように、唐打ちひもの輪を5mm作る。

つぼみ p.66 p.103

つぼみ(がくなし)……つまみ部分　直径約1cm
つぼみ(がくあり)……つまみ部分　直径約1.5cm

使用するつまみ
丸つまみ裏返し(p.55) 剣つまみ裏返し(p.59)

[材料]

つぼみ(がくなし)1個分
布(正絹羽二重)
[a] 1.5cm角(薄ピンク)……3枚

つぼみ(がくあり)1個分
布(正絹羽二重)
[b] 2cm角(ピンク)……3枚
[c] 1.5cm角(あずき)……3枚

その他
フローラルテープ(茶)……適量
地巻きワイヤー(22番)……7cm長さを2本
脱脂綿……適量

[道具]
木工用ボンド

1 土台を作る

地巻きワイヤーの先に木工用ボンドをつけ、小さく切った脱脂綿を巻きつける。

2 つぼみ(がくなし)を葺く

つぼみ(がくなし)用布[a]をすべて丸つまみ裏返しにし、脱脂綿に木工用ボンドをつけ、ひとつめを葺く。

ひとつめと同様に、脱脂綿をおおうように計3つ葺く。これでつぼみ(がくなし)の花部分は完成。

3 つぼみ（がくあり）を葺く

2と同様に、つぼみ（がくあり）用布bでつぼみを葺く。つぼみ（がくあり）用布cをすべて剣つまみ裏返しにし、つぼみの花びらが隣り合う境目の部分に頭が上にくるように3つ葺く。

がくを3つ葺いたところ。これでつぼみ（がくあり）の花部分は完成。

4 茎を仕上げる

茎にフローラルテープを巻いて完成。

小花A p.103 p.112 小花A──つまみ部分 直径約2cm   使用するつまみ 丸つまみ裏返し(p.55)

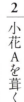

[材料]

小花A 1個分
布（正絹羽二重）
　a 2cm角（薄オレンジ）……3枚
花心
　ガラスペップ（クリーム）……1個

その他
地巻きワイヤー（22番）……11cm長さを1本
フローラルテープ（茶）……適量

[道具]
木工用ボンド

1 土台を作る

地巻きワイヤーの先にガラスペップを木工ボンドでつけて花心を作る。

2 小花Aを葺く

地巻きワイヤー全体にフローラルテープを巻く。小花A用布aをすべて丸つまみ裏返しにし、ペップに木工用ボンドをつけ、ひとつめを葺く。

ひとつめと同様に、残りのふたつを葺いて完成。

ARRANGE

小花Aと葺き方は同じ。

小花a 布(白)
- 素玉ペップ(紫)
- フローラルテープ(緑)

小花b 布3cm角(紺)
剣つまみ裏返し(p.59)
- パールペップ(薄紫)
- ペップの芯(白)

小花B p.103 小花B……つまみ部分 直径約2cm

使用するつまみ 丸つまみ梅(p.53)

[材料]

小花B 1個分
布(正絹羽二重)
　ⓐ 2cm角(柿色)……4枚
土台
　足つき平土台(直径1.2cm)……1個
花心
　素玉ペップ(ベージュ)……4個

[道具]
木工用ボンド

1 小花Bを葺く
小花B用布ⓐをすべて丸つまみ梅にする。土台を4分割し、ひとつめを葺く。

ひとつめと同様に、時計回りに計4つ葺く。

2 花心をつける
ペップは芯を切り、頭だけ残して花の中心につけて完成。

Special column 2

アクセサリーの仕立て方

本書に掲載のアクセサリーや雑貨を作るため、使用しているアクセサリー金具と工具です。基本的な使い方を覚えておきましょう。

工具

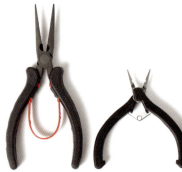

あると便利

グルーガン　グルースティック
金属やプラスチックをすばやく接着します。固形樹脂の接着剤、グルースティックをセットし、熱で溶けた樹脂を接着面につけます。

丸ヤットコ
先が細く丸く、金具をはさむのに適した道具です。おもに9ピンやTピンを丸めるとき、平ヤットコとセットで丸カンの開閉などに使います。

平ヤットコ
先が平たく、金具をはさんだりつぶしたりするのに適した道具です。つぶし玉をつぶす、9ピンやTピンを折り曲げる、丸ヤットコとセットで丸カンの開閉などに使います。

ニッパー
先がハサミになっている、金具を切るための道具です。ワイヤー、チェーン、ピン類などを切るときに使います。

接着剤（金属用）
透明で速乾性・接着性が高い接着剤。有機溶剤系で布や紙はもちろん、金属やガラス、陶器に使えます。

アクセサリー金具

丸カン
モチーフ同士をつなぐために使い、丸ヤットコと平ヤットコで開閉します。

ピン類
先端が丸まっている9ピンは、パーツを両端につなぐときに使い、先端がT型をしたTピンは、ビーズに通すなど片側にパーツをつなぐときに使います。

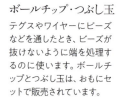

ボールチップ・つぶし玉
テグスやワイヤーにビーズなどを通したとき、ビーズが抜けないように端を処理するのに使います。ボールチップとつぶし玉は、おもにセットで販売されています。

丸カンの開け方・閉じ方

切れ目を上にして丸ヤットコと平ヤットコではさみ、切れ目を前後にずらすようにして開けます。閉じるときも同様にします。

丸ヤットコと平ヤットコで両方からひっぱるのはNG。丸カンの強度が下がる原因になります。

ピン類の使い方

1

ビーズにTピンを通す。

2
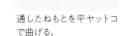

通したねもとを平ヤットコで曲げる。

3

ねもとから約8mmを残して、ニッパーで切る。

4

Tピンの先端を丸ヤットコではさみ、丸める。

ボールチップ、つぶし玉の使い方

1

テグスにボールチップを通す。

2

つぶし玉をテグスに通し、とめたい場所まで移動させ平ヤットコでつぶす。

3

ボールチップをつぶし玉の場所まで移動させて、平ヤットコで閉じる。

4

ビーズを通したら、つぶし玉を通す。

5

ボールチップを通す。

6

平ヤットコでボールチップを閉じる。

小物(こもの)づくりからはじめる
やさしいつまみ細工(ざいく)book
2019年1月31日　第1刷発行

著　者	鳥待月(とりまちつき)
発行者	中村　誠
印刷所	図書印刷株式会社
製本所	図書印刷株式会社
発行所	株式会社日本文芸社
	〒101-8407　東京都千代田区神田神保町1-7
	TEL／03-3294-8931（営業）　03-3294-8920（編集）

Printed in Japan 112190110-112190110 Ⓝ 01（200010）
ISBN978-4-537-21652-3
URL　https://www.nihonbungeisha.co.jp/
© Torimachitsuki 2019

印刷物のため、作品の色は実際と違って見えることがあります。
ご了承ください。

本書の一部、または全部をホームページに掲載したり、本書に掲載された作品を複製して店頭やネットショップなどで無断で販売することは、著作権法で禁じられています。

乱丁・落丁本などの不良品がありましたら、小社製作部宛にお送りください。送料小社負担にておとりかえいたします。法律で認められた場合を除いて、本書からの複写・転載（電子化を含む）は禁じられています。また、代行業者等の第三者による電子データ化及び電子書籍化は、いかなる場合も認められていません。

（編集担当：角田）

鳥待月(とりまちつき)

物心ついたときから裁縫や工作といった手仕事好き。本やキットを購入して楽しんでいたなかで、どのクラフトワークよりも一番魅了されたのがつまみ細工。「売ってほしい」「教えてほしい」の声に応えるうちに作家の道へと進む。現在は、販売サイトを通じてのつまみ細工の製作販売のほか、全国のアートイベントやハンドメイドイベントにて、製作販売・出張ワークショップを行っている。絹だけでなくあらゆる生地を使った、普段づかいできるアイテム作りに定評がある。
http://torimachi.net

資材購入先
・オカダヤ　　　　http://www.okadaya.co.jp
・貴和製作所　　　https://www.kiwaseisakujo.jp/shop/
・東急ハンズ　　　https://www.tokyu-hands.co.jp
・Parts Club（パーツクラブ）　https://www.partsclub.jp
・ユザワヤ　　　　https://www.yuzawaya.co.jp

スタッフ

撮影	横田裕美子（STUDIO BAN BAN）
	天野憲仁（日本文芸社）
スタイリング	ダンノマリコ
デザイン	三木俊一＋高見朋子（文京図案室）
執筆協力	兼子梨花
編集	三好史夏（ロビタ社）
プリンティングディレクション	丹下善尚（図書印刷株式会社）